Ilona Walger

Mein Lächeln für Sibirien

Kindheitserinnerungen einer Rußlanddeutschen

mit einem Vorwort von Hagen Lehmann

first minute Taschenbuch Verlag

Die Deutsche Bibliothek -CIP - Einheitsaufnahme

Walger, Ilona:
Mein Lächeln für Sibirien : Kindheitserinnerungen einer Rußlanddeutschen / Ilona Walger. Mit einem Vorw. von Hagen Lehmann. - 1. Aufl. - Emsdetten : First-Minute-Taschenbuch-Verl., 1996
ISBN 3-9803959-3-6

Erste Auflage 1996

Postfach 1202, 48270 Emsdetten
Tel. u. Fax 02572 84782
Gedruckt und gebunden durch
Difo Druck, Bamberg
Lektorat: first minute
Taschenbuchverlag
ISBN 3-9803959-3-6

Inhaltsverzeichnis

Vorwort

Wenn man die Geschichte Europas in den letzten zwei Jahrhunderten betrachtet, stößt man immer wieder auf jene Menschengruppen, die es in ihren Heimatländern nicht mehr ausgehalten haben, die aus Not, Abenteuersuche oder Hoffnung auswanderten. Australien, Amerika, Afrika - in alle Ecken dieser Erde zog es sie. Und immer wenn die Ferne lockte, wenn es darum ging, durch Existenzgründungen auch den wirtschaftlichen Aufschwung junger Länder voranzubringen, waren es Deutsche, die einen großen Teil der Zuwanderer ausmachten, die ob ihres Fleißes und ihrer guten handwerklichen Fähigkeiten gern gesehen waren.

Kein Wunder also, daß im achtzehnten Jahrhundert die deutschstämmige Zarin durch Versprechungen und Verheißungen Tausende Landsleute in das riesige russische Land lockte. Und keine Frage, daß fast all diese Menschen dort Fuß faßten - zu ihrem eigenen und zum Wohle des Landes.

Allerdings, wenn man die Auswanderer jener Zeit mit denen, die nach Amerika oder Australien gingen, vergleicht, wird doch ein Unterschied klar: Während die einen in den fernen Kontinenten bereits nach zwei Generationen voll integriert waren, existierten die Deutschen in Rußland noch in der Mitte des zwanzigsten Jahrhunderts als nationale Volksgruppe mit eigener Kultur und Sprache, auf eigenem Territorium. Woran das liegen mochte, weiß man nicht genau. Vielleicht an der Bodenständigkeit, vielleicht ganz einfach an den riesigen Entfernungen, die im russischen Reich das eine Dorf vom anderen, die eine Region von der benachbarten trennten. Keinesfalls jedoch lag es daran, daß es ein Mißverhältnis der deutschen Menschen und der russischen gegeben hätte.

Keinen Haß, keine Zwietracht. Jene geradezu ins Rassistische übersteigerten Eigenschaften hielten erst mit der Herrschaft eines Stalin ihren Einzug in Rußland, in der "UdSSR". Natürlich, ohne Hitler hätte es keinen Stalin gegeben, der zum "Deutschenhasser" geworden wäre und ohne die Deutschen, die Österreicher und manch andere, keinen Hitler.

Grund genug also, an all jenen, die durch Sprache, Herkunft und Religion etwas Deutsches an sich hatten, grausame Rache zu nehmen? An Kindern, Alten, Frauen, Männern? Rechtfertigung für Vertreibung, Entrechtung, Erniedrigung in der Art *völkischer Geiselnahme, Geiselhaft*?

Die Geschichte Rußlands, der einstigen "UdSSR" hat seit dem Tode Stalins schon viele seiner Greueltaten bloßgelegt. Sinnlose, kleinliche Einzel- und Massenmorde, die eher von Engstirnigkeit als politischem Genie zeugen. Weniger hingegen wissen wir von den Einzelschicksalen, den *durchschnittlichen* Leidenswegen, die der Zweite Weltkrieg, die Stalin über die Rußlanddeutschen gebracht hat. Einen dieser Leidenswege mußte die Autorin dieses Buches gehen. Ilona Walger ist eine von denen, die den Kelch der stalinschen Grausamkeiten fast bis zur Neige leeren mußten. Mit geradezu zwanghaftem Erinnerungsdrang und akribischem Eifer kehrte sie nun in ihren Schilderungen an die frühesten Tage ihrer Kindheit zurück. Sie beschreibt die Zeit der Verbannung und der Kälte, berichtet von elenden Barackensiedlungen und den schrecklichen Hungersnöten, von den Erniedrigungen, die sie als Deutsche in der Schulzeit zu erleiden hatte. Doch sie spart die Freundschaften zwischen Deutschen und Russen genausowenig aus wie das allgemeine Elend und den gemeinsamen Haß gegen den Diktator Stalin. Und sie vermittelt uns in ihren farbenprächtigen Episoden und Szenen einen tiefen Eindruck vom Leben mit der Natur, das zugleich ein Leben in einfachen Verhältnissen und voller Härte, obschon auch mit den gewaltigen Schönheiten und Wundern dieses fernen Landes jenseits des Urals ist. Dieses Leben in und mit Sibirien.

Das schöne Pferd Felix

Ich war kaum zwei Jahre alt. Aber der große, prächtige Apfelschimmel hat sich mir zutiefst eingeprägt. Kein Wunder, denn meine Mutter hat mir die Geschichte, die ihn und mich verbindet, mehr als einmal erzählt. Ich fand sie ein bißchen traurig, aber schön war sie doch...

Man hatte uns nach Sibirien verbannt, ans Ende der Welt. Aus unserem Paradies an der Wolga in eine trostlose Kolchose mit dem Namen „Wtoraja Pjatiletka" („Zweites Jahrfünft"). Die deutschen Familien wurden auf die Häuser der russischen Bevölkerung aufgeteilt. Wie es die Sowjetmacht fertiggebracht hatte, uns verhaßte „Faschisten" mit Russen unter einem Dach zusammenbringen, weiß der Himmel bis heute nicht. Oder sollten wir einfach Glück gehabt haben? Auf jeden Fall nahm uns ein älteres Ehepaar namens Tatarnikow, herzensgute Menschen, freundlich auf und teilte mit uns ihr letztes Hab und Gut.

Bald wurde Vater in die *Trudarmija*, die Arbeitsarmee, geholt, und meine Mutter blieb mit drei Kindern zurück. Sie mußte in der Kolchose für das „liebe" Vaterland, das uns schamlos enteignet und dann nach Sibirien deportiert hatte, schuften. Als Dank für ihre harte Arbeit wurde ich in einer Kinderkrippe untergebracht, die aus einem einzigen kleinen Raum in einem morschen Haus bestand. In der Mitte der Stube befand sich ein großer russischer Ofen, der auf Sparflamme gehalten wurde. Es war in der Kinderkrippe oft ungemütlich und kalt, und die beiden Erzieherinnen waren mit 30 ein- bis siebenjährigen Kindern überlastet. Die ganz kleinen Kinder konnten nicht laufen und heulten dafür um so mehr.

Gegenüber von der kleinen Kinderkrippe gab es einen großen Pferdestall, der Stolz der Kolchose. Und an einem jener frühen bitterkalten Frühlingstage schienen es meine Kinderfüße besonders eilig zu haben. Es war doch hochinteressant zu sehen, was es alles an Schönem auf der Welt gab. Dunjascha, mein 17jähriges Kindermädchen, leicht gehbehindert, merkte viel zu spät, daß ein Kind fehlte, und so stand ich plötzlich im Pferdestall. Ich fand es aufregend, wie die Pferde immer wieder am Heu zupften. Vor allem hatte es mir jenes besonders schöne Pferd mit seiner eleganten Haltung und seinem majestätischen Hals, mit dem seidig glänzenden Fell und den vielen runden weißen Flekken, die leicht grünlich schimmerten, angetan. Dieser Grauschimmel war ein richtiges Apfelpferd. Heute würde ich sagen: eine Mischung aus Steppenwildheit und Poesie! Aus den Erzählungen meiner Mutter weiß ich, daß das Pferd Felix hieß und ein schneidiger Traberhengst aus Orojl war. Vollblutrasse. Es waren auch noch andere Pferde da, die sahen jedoch viel ungepflegter und abgezehrter aus. Auf ihren Schultern lag die Last der schweren Arbeit. Sie bekamen weder genug zu essen noch ausreichend gutes Wasser.

Felix wurde nie zu schwerer Arbeit herangezogen. Er diente nur dem Parteichef für dessen persönliche Bedürfnisse. Im Gegensatz zu den anderen Pferden genoß Felix die wilde Freiheit Sibiriens.

Felix ließ sich auch von niemandem als dem alten Jegor pflegen, und der gab sich dem Pferd mit seiner ganzen Liebe hin. Er brachte dem Tier nicht nur Hafer und Heu, sondern auch die Zuckerration, die er monatlich auf seine Lebensmittelkarte bekam. Und dazu frisches und kaltes Wasser aus dem besten Brunnen weit und breit. Ja, er sprach mit dem Pferd in einer besonderen Sprache, erzählte ihm von seiner schauderhaften Einsamkeit, von Kummer und Schmerz, aber auch von den besten Stunden seiner längst verflossen Jugendzeit und streichelte dabei das samtige, glänzende Fell des Schimmels so liebevoll, als wäre es seine Geliebte. Dann blieb das kluge Pferd still stehen, neigte den Kopf zur Seite, spitzte ein Ohr und kaute seinen Hafer. So habe ich das Paar später selbst erlebt und kannte es aus den Geschichten meiner Mutter. Zu meinem besonderen Erlebnis mit Felix aber erzählte mir meine Mutter oft diese wahre Geschichte:

„Als Dunjascha bemerkt hatte, daß ein Kind fehlte, ging sie mit einem Gesicht voller Entsetzen, mit pochendem Herzen, brennenden Augen und trockenem Mund zu der älteren Kinderfrau mit Namen Maria und stotterte ängstlich: 'Jola ist weg! Nichts zu sehen, nichts zu hören!'

Maria blieb gefaßt: 'Beruhige dich. Wir werden sie schon finden. Paß auf die anderen auf!' Dann ging sie schnurstracks zum Pferdestall, wo sie mich hinter dem kräftigen Apfelschimmel entdeckte. Auf ihrem kreideweißen Gesicht spiegelte sich die ganze Angst wider. 'Wenn das Pferd jetzt nervös wird und ausschlägt?! Dann ist das Kind auf der Stelle mausetot. O, mein Gott, laß das nicht geschehen, laß dem Kind nichts passieren! Was soll ich nur machen?'

Maria kreuzte ihre Hände über der Brust und flehte: 'Komm her, mein Kind. Komm, mein kleines Schätzchen. Komm, meine Süße, sei ganz ruhig und hab keine Angst. Komm, komm Jola!' Sie streckte dir die Hände entgegen, in der einen Hand ein Bonbon, mit dem sie dich lockte. Du aber hast ganz ruhig bei dem Pferd gestanden, hast ihm den Schwanz gestreichelt und unschuldig gelächelt.

In dem Augenblick aber, als Felix Marias Stimme hörte, blieb er wie gebannt stehen, spitzte die Ohren und horchte auf. Dann machtest du plötzlich ein paar unsichere Schritte, dann noch einige, auf das Bonbon zu. Und das Pferd rührte sich immer noch nicht. Noch ein paar Schritte und die festen Arme Marias umschlossen dich. Du warst gerettet.

Als ich dich am späten Abend abholte, erzählte mir Maria schluchzend die Geschichte."

Für meine Mutter kam diese Tat einer „bösen" Russin damals unerwartet. Aus dem seltsamen Vorfall entwikkelte sich eine feste Freundschaft zwischen Maria und meiner Mutter, die auch jene graue Zeit voller Not und Haß überstand.

Die Schnittwunde

Meine Kindheitserinnerungen sind Kälte,
Elend und ein ewig leerer Bauch

Der Dezember des Jahres 1945 geht zu Ende. Draußen herrscht klirrender Frost. Die Erde liegt unter einer weißen dicken Schneedecke.

Ich gehe weder in den Kindergarten noch in die Schule. Der Kindergarten in unserem Dorf ist überfüllt, und für die Schule bin ich noch nicht alt genug.

Wenn ich an den Kindergarten denke, schüttelt es mich innerlich. Eigentlich ist es kein richtiger Kindergarten. Es ist ein Zimmer in einer der Baracken, groß und dunkel, mit einer Tür und zwei kleinen Fenstern, renovierbedürftig, mit fleckigen Wänden, ungemütlich, mit schäbigen Tischen und Schemeln, irgendwie alptraumhaft. In einer Ecke befindet sich der große Ofen, rußig und häßlich. An der rechten Wand hängen reihenweise kleine Waschbecken. Unter den Waschbecken stehen große Zinkschüsseln, für das Schmutzwasser, das einen unangenehmen Geruch verbreitet und aschfahl aussieht. Oftmals kommt es zur Überschwemmung und der Schmutz fließt in den Korridor der Baracke, wo sich ein kleines Bächlein bildet. Dann gibt es fürchterlichen Ärger und Krach mit den Bewohnern. Anstelle von Haken sind neben den Waschbecken ein paar verrostete Nägel eingeschlagen. Von den Nägeln hängen die grau-schmierigen Handtücher trostlos herab. Abseits befindet sich eine lange, schmale Bank, auf der die großen Blecheimer mit dem Trinkwasser und einer Schöpfkelle aus Holz, die am Rand des Eimers hängt, stehen. Und daneben in einer Reihe viel, viel grüne Nachtvasen. Für jedes Kind eine persönliche Nachtvase.

Jetzt sind auch die Fenster fest geschlossen, die Luft ist stickig, und es riecht stark säuerlich nach vielen Kindern. Eine alte Frau, klein und geduckt, betreut fast dreißig Kinder verschiedenen Alters. Die sechs- und siebenjährigen

Kinder helfen der alten Frau, den Tisch zu decken und das Geschirr abzuwaschen, ein bißchen betreuen sie auch schon die Kleineren. Keine Betten, kein Spielzeug, keine Bücher.

Dafür gibt es einmal täglich eine dünne warme Suppe aus Brennesseln und Meldemehl und ein winziges Stückchen Brot aus Roggenkleie und Holzmehl, manchmal auch ein Fruchtbonbon zum Tee. Ich weiß es, weil ich mit Heinzi einmal heimlich durch den Ritz in der Tür gespäht und alles, alles beobachtet habe. Dabei hat uns die Erzieherin erwischt. Sie hat aber nicht geschimpft, nur gesagt, daß wir nicht mehr spähen sollen, denn sie bekommt Ärger; und hat uns ein winziges Stückchen Brot gegeben. Aber trotz des Brotes und der Suppe mag ich so einen Kindergarten nicht besuchen. Weil es dort zu langweilig und zu scheußlich ist.

Zusammen mit meinem jüngeren Bruder Heinzi, der noch ein rotznäsiger Fratz ist, treibe ich mich im Korridor der Baracke herum. Das ist interessanter als der Alltag im Kindergarten. Wenn es aber draußen stürmt, verbringen wir die Zeit, bis unsere Mama von der Arbeit kommt in unserem Zimmer, meistens oben auf der Pritsche, wo es bißchen wärmer ist.

In unserem Zimmer, das nur acht Quadratmeter hat, ist es schöner als im Kindergarten. Das beste Möbelstück ist Mutters Truhe. Aus rotem Tannenholz. Die Truhe hat der Großvater noch gemacht. In der Mitte steht ein grob gezimmerter Tisch, der sonntags und an Feiertagen mit einem weißen steifgestärkten Tuch bedeckt ist. An dem Fenster hängen Mullgardinen, mit Aufnäharbeiten, und unten sind zahlreiche kleine weiße Knötchen aus Watte in Kreisform angebracht. Wenn der Wind gegen das Fenster bläst, baumeln und zittern die Knötchen. Und der leise Klang, der dabei entsteht, kommt mir vor, als würden tausend kleine Schellen läuten. Mama hat die Gardinen selbst gefertigt, und darauf bin ich sehr stolz. Die vier Schemel und die Bank, auf der die Eimer mit unserem Trinkwasser stehen und unter der sich unser Hab und Gut von Kochgeschirr und Eßbarem befindet, hat mein Bruder Walter gemacht.

Der Krimskrams unter der Bank ist mit einem Vorhang aus abgenutztem Stoff, der mit einer drolligen Rüsche umrandet ist, abgeschirmt. Einen Waschtisch haben wir auch. Die Handtücher sind schlohweiß und der Schmutzeimer ist mit einem Pappkarton verdeckt.

Ich muß auf meinen Bruder Heinzi aufpassen, denn Mama und Walter müssen hart arbeiten, um uns zu ernähren. Walter ist noch ein Milchbart, aber schon Mutters große Stütze und Hilfe. Die Mutter hat es besonders schwer, weil unser Vater in der merkwürdigen Trudarmee ist. Mama ist Putzfrau in einem Arbeitsheim, obwohl sie von Beruf eine erfahrene Lehrerin ist. Aber hier in der Verbannung ist sie eine Null. Sie muß froh sein, daß sie bei den Russen den Dreck wegmachen darf.

Meine Mama tut mir leid. Sie ist erst Anfang vierzig, sieht aber wie ein krumm gebogener Baum aus, völlig abgemagert und alt. Ihr Körper ist nur ein Knochengestell, und ihre Hände hängen wie Stöcke herab. Aus dem ausgemergelten Gesicht gucken zwei dunkelgraue traurige Augen, aus denen der Hunger spricht. Von der Arbeit kommt sie hundemüde nach Hause, ihre Finger sind rot und angeschwollen vom eiskalten Schneewasser. Wir sind arm wie der Sand auf der Heide und haben weder genügend Brot noch die notwendige Kleidung. Gelegentlich hat Mutter das Glück, ein paar Brotkrümel aus einem Mülleimer zu fischen und heimlich nach Hause zu bringen. Diese Brotkrümel sind für uns wie ein Geschenk des Himmels.

Heute ist Mutters Brotkasten wieder leer. Mir knurrt der Magen vor Hunger. Manchmal kocht Mama einen ganz dünnen Brei, ohne Schmalz, aus ungeschälten, halbverbrannten Weizenähren, die vorher einen Tag lang im Wasser aufquellen müssen. Diese Weizenähren haben wir Kinder im Spätherbst auf dem abgeernteten Feld heimlich gesammelt. Heimlich, weil es strafbar ist. Der Brei schmeckt ein bißchen bitter. Jeder bekommt davon nur zwei winzige Löffel voll. Außer Walter. Der bekommt drei Löffel. Wir müssen sparen, weil der Vorrat an Weizenähren knapp und der Winter lang ist. Heute gibt es aber nicht einmal diesen Brei.

Heinzi weint bitterlich, nichts kann ihn beruhigen, auch nicht seine Lieblingsgeschichte vom kleinen Prinz. "Der Hungrige denkt nur ans Essen", sagt Mama voller Mitleid. Heinzi zerrt vor Hunger an Mutters Rock und heult. "Mama, ich will essen. Gib mir Brot und Basta!" jammert er, trampelt mit den Füßen wie ein Verrückter. Mutter bleibt stumm. Sie nimmt Heinzi auf den Schoß, streichelt seine dünnen strohblonden Haare und erzählt uns Märchen und Geschichten. Ihre liebevolle leise Stimme wirkt einschläfernd, und bald schlummert Heinzi ein. Ab und zu schluchzt er im Schlaf und lutscht kräftig am Däumchen, als wäre es Brot oder sogar Zucker. Eine dicke Träne rollt über Mutters Gesicht. Ich bleibe wie angenagelt neben ihr sitzen, traurig und hungrig auf die glühende Ofentür starrend. Wenn dieser Hunger nur nicht so qualvoll wäre...

Ich denke an Mutters Pajok, an die monatliche Ration, die sie auf die Lebensmittelkarten bekommt. Diese Pajoks sind karg und knapp bemessen. Zum Neujahr gibt es zusätzlich noch einen halben Liter Sonnenblumenöl und ein Kilo *gelbes Wunder*. Klumpenzucker. Später wird der Zucker mit einer Kneifzange in winzige Stücke geteilt. Zum Teetrinken. Außerdem gibt es zwei Kilo gedörrten Fisch. Überlagerte Strömlinge. Aber kein Brot und keine Fruchtbonbons.

Das Sonnenblumenöl will Mutter auf dem Basar verkaufen oder gegen Brot, Mehl, Schmalz und manchmal auch Bonbons eintauschen. Zur Stärkung, weil wir Kinder so mager sind. Mutters Gesicht strahlt vor Freude, als sie diese Kostbarkeit nach Hause bringt. Das Sonnenblumenöl ist dunkelbraun und riecht würzig. Es befindet sich in einer dunkelgrünen Glasflasche, die Mutter in einer dunklen Ekke unter der Bank versteckt hat. Morgen will sie das Öl zum Basar bringen. Ich muß zu Hause bleiben und wieder auf Heinzi aufpassen. Als ich mein Maulwurfgesicht mache, sagt Mutter: "Auf diesem Marktgetümmel haben kleine

Kinder nichts zu suchen. Außerdem, Jola, mußt du Wasser holen und den Boden im Zimmer in Ordnung bringen. Paß auf, daß du die Flasche mit Öl nicht umkippst und keine Scherben machst!"

"Schon gut, ich werde vorsichtig sein", sage ich gehorsam. Als Mutter weg ist, spiele ich mit Heinzi eine Weile Versteck. Gegen Nachmittag schläft er ein, und ich erinnere mich an Mutters Auftrag. Als erstes wird Wasser besorgt. Ich hole Schnee, weil das Trinkwasser knapp ist. Das Wasser ist sehr kalt und der Fußboden schmutzig. Der Scheuerlappen ist für meine Hände viel zu groß. Ich krieche auf allen Vieren, keuche und schwitze. Die Bohlenbretter haben in ihrem Leben noch keine Farbe gesehen. Ich schabe solange mit dem Messer, bis sie weiß werden. Als ich in die Ecke komme, wo unter der Bank die Flasche mit dem kostbaren Öl steht, rutscht mir der Scheuerlappen aus, und ich höre einen heftigen Knall. Die Flasche zerbricht vor meinen Augen in tausend Scherben. Eine spitze Glasscherbe dringt mir tief in den linken Arm. Ich bin starr vor Entsetzen, erschrecke aber noch mehr, als ich an meiner Hand eine Schnittwunde sehe. Blut fließt in Strömen. Die Starre löst sich, und ich beginne bitterlich zu weinen. Schmerzen spüre ich in diesem Moment noch nicht.

"Mein Gott, das Öl, das Öl...", schluchze ich, schöpfe mit den Händen die braune Flüssigkeit auf und lasse sie in den Putzeimer fließen. Aber das Öl ist nicht mehr zu retten. Vor Entsetzen und Schmerzen laut schluchzend, greife ich nach einer großen Scherbe, in der sich noch ein kleiner Rest von Öl befindet. Diese rutscht mir jedoch aus den glitschigen Händen und verletzt mir noch den linken Arm. Ich schrei wie am Spieß. Der Schrei wird von Tante Sonja gehört, die nebenan wohnt. Wie ein Wirbelwind kommt sie ins Zimmer gestürzt. Sie ist einen kleinen Moment sprachlos. "Mein Kind, du bist schwer verwundet!" ruft sie dann und faßt mich unter dem Arm und eilt mit mir in die Polyklinik. Zum Glück befindet sich die Polyklinik nicht weit von unserer Barackensiedlung. Die beiden Wunden werden ohne Narkose zugenäht und das Blut gestillt. Die herzensgute Tante Sonja versucht, mich zu beruhigen. Der Arzt verabreicht mir zwei Spritzen, und später sinke ich in einen tiefen Schlaf.

Als Mutter nach Hause kommt, wird sie noch trauriger als zuvor. Zwei tiefe Falten bilden sich auf der Stirn. Sie schüteltt sorgenvoll den Kopf. "Ja, es hatte nicht sein sollen, dieses Neujahresfest." Zu mir sagt sie aber, daß die Schmerzen vergehen werden und der Unfall eines Tages vergessen sein wird. "Und ohne Öl können wir auch leben. Das Wichtigste ist, daß du am Leben geblieben bist. Die Schnittwunde wird bald wie Schnee von gestern sein." Als Erinnerung an diese Geschichte sind mir zwei tiefe Narben auf der Hand geblieben.

Schade, daß es keine Weihnachten mehr gibt

Draußen weht ein eiskalter Wind. Im Zimmer ist es frisch. Der große Ofen ist ein Faß ohne Boden. Wir haben weder genügend Kohlen noch Holz.

Bald ist Neujahr, und mein Bruder Walter hat seinen ersten Pajok mit Zusatzration bekommen. Einen herrlichen Pajok! Ein ganzes Kilo Brot und ein paar Meter Stoff. "Für einen neuen Strohsack", meint Mama. Das Brot ist schwarz wie die Kohlen und hart wie ein Stein. Aber es schmeckt.

Sonnenblumenölkuchen, dunkelbraun und würzig, gibt es auch. Mama will sie auf dem "Commerzmarkt" verkaufen oder gegen Brot, Mehl, Schmalz oder auch Bonbons tauschen. Wir Kinder sind viel zu dünn und sollen ein bißchen Freude zu Weihnachten und Neujahr haben.

Commerzmarkt, das ist ein Begriff aus dem Wortschatz unserer Mutter aus der Zeit, als noch die Bourgeoisie regierte. Jetzt bei den Roten, heißt es anders: Neujahrsmarkt! Schade, daß Weihnachten nicht mehr gefeiert wird. Verschwunden sind auch Wörter wie Weihnachts- oder Christkindlmarkt, ja selbst Namen wie Jesus Christus oder Heilige Maria sind gefährlich. Meine Mama sagt, daß früher auch die Russen Weihnachten gefeiert hätten. Eine ganze Woche lang! "Oh, war das eine wunderbare Zeit", schwärmt sie und seufzt. "Es gab nur wenige Russen bei uns an der Wolga, aber sie machten herrliche Plinsen zu Weihnachten. Die Plinsen waren einfach oder mit Quark und Rosinen gefüllt, aus erstklassigem Pfannenkuchenteig, mit heißer Butter beschmiert und im Ofen geschmort." Mutter schwärmt, ich aber kann mir das ebensowenig vorstellen wie brennende Kerzen am Heiligen Abend. Mein Mund verzieht sich zum Weinen. Der Magen knurrt kläglich. Doch es gibt nichts zu essen. "Die Wände in der guten Stube wurden mit Reisig geschmückt. Ein mannshoher Tannenbaum stand in seiner ganzen Pracht mitten in der Stube. Gold und Silber glänzten, Weihnachtsglöckchen klingelten. Es duftete. Fast in jedem Haus herrschten Glaube und Frömmigkeit." Mama wurde traurig: "Der Weihnachtsmann besuchte jedes Haus und bescherte die Kinder reichlich mit Süßigkeiten und Spielzeug, die in einem großen roten Sack versteckt waren."

Ach, wenn wir doch auch so einen Tannenbaum hätten, dachte ich. Ich würde mich so auf den Weihnachtsmann freuen. Es könnte auch ein *Ded Moros* sein, ein Väterchen Frost. Es macht doch wirklich nichts aus, ob der Weihnachtsmann deutsch oder russisch ist!

In diesem Jahr gehe ich mit Mama auf den Platz vor dem Kulturpalast! Da wird ein Tannenbaum aufgestellt! Sie hat es mir versprochen! Meine Mama kann so wunderschön von der Vorweihnachtszeit erzählen: "Damals am Heiligen Abend sind die Menschen festlich gekleidet und gutgelaunt zum Gottesdienst gegangen. Die Kirche bei uns in Zürich an der Wolga war groß. Aber sie war immer überfüllt, und die Menschen sangen aus vollem Herzen: *O du fröhliche, o du selige gnadenbringende Weihnachtszeit*... Der Duft des Weihnachtsgebäcks hat das ganze Haus erfüllt! Da gab es Plätzchen so weiß wie Schnee, Pfeffernüsse aus Hefeteig mit Kürbis gebacken, Apfelschnitzel und am Abend ein feierliches Essen, Rouladen aus zartem Fleisch, reichlich gewürzt. Am ersten Weihnachtsmorgen gab es einen herrlichen Tee aus der Kräutertasche der Natur, der ein feines Aroma verbreitete, zubereitet mit einem Samowar, den man mit Holzklötzchen heizte. Und zu Mittag einen saftigen, fetten Entenbraten, Kartoffeln geschält und in Scheiben geschnitten, mit Salz, Pfeffer, Nelken, Dill und Petersilie gewürzt und im Ofen gebraten, oben drauf eine leckere Kruste. Das gibt es jetzt nicht mehr. Die Kirchen sind zerstört und zu Pferdeställen oder Maschinen-Traktoren-Stationen, kurz MTS genannt, geworden. Weil man den Glauben an Gott mit den Wurzeln ausrotten wollte." Mutter sagte die letzten Worte im Flüsterton und legte den Finger auf den Mund: "Weihnachten und Advent gibt es nicht mehr. Statt dessen Neujahr als einzigen Feiertag. Ohne Glanz und richtige Freude. Man darf heutztage nur dann

Festtagsfreude zeigen, wenn die Feiertage staatlicherseits verordnet sind." Trotzdem übt Mama mit uns "*O Tannenbaum*", "*O, du fröhliche*" und "*Stille Nacht*" ein. Bei geschlossener Tür. Deutsch ist tabu. "Der Krieg ist schuld", sagt sie, und ihre Augen stehen voller Tränen. Krieg aber ist für mich ein schreckliches Wort, denn Krieg bedeutet Hunger, den wir jeden Tag spüren. "Die Deutschen und die Gläubigen sollen verschwinden", sagt Mama und ist dabei so traurig, als müßte schon in der gleichen Nacht die Welt untergehen. "Früher lebten die Menschen an der Wolga in Eintracht und Frieden. Dann kamen Elend, Hunger und Verfolgung. Menschen verschwanden vom Erdboden auf unerklärliche Weise. Auch viele unserer Verwandten..."

Ich gehe mit Mama zum Kulturpalastplatz. Das ist ein riesiger Platz mitten in einem der Nachbardörfer, umgeben von vielen kleinen Hütten. In der Mitte des Platzes, dort wo früher eine Kirche gewesen sein soll, ragt jetzt der Kulturpalast zum Himmel empor. Es werden Parteiversammlungen und kulturelle Veranstaltungen abgehalten. Der Palast wurde schon vor dem Krieg gebaut. Auch Filme werden darin gezeigt. Meist von "tapferen Helden", von Kommunisten. Doch da erblicke ich auf dem Platz tatsächlich auch einen Tannenbaum. Ein Riese! Die prunkvollen Zweige sind mit lilaweißem Schnee bedeckt, der im Mondschein silbern schimmert. "Jolotschka!" rufen die Menschen dem Baum zu, der wie eine majestätische Schneekönigin dasteht. Schade, daß Jolotschka keinen glitzernden Schmuck anhat. Aber sie ist mit bunten elektrischen Birnen ausgestattet. Und trotzdem gefällt mir der Baum in seiner verschneiten Schönheit.

Etwas seitlich vom Tannenbaum steht ein Schneemann mit einem schwarzen Hut auf dem Kopf. Zwei schwarze Augen aus Kohle, eine lange Möhre als Nase und ein Mund aus einer roter Rübe vollenden sein großes Kugelgesicht. In der Hand hält er einen Besen. Mag sein, daß das viele Menschen albern finden, für mich ist es lustig.

Zu beiden Seiten des Platzes erheben sich zwei Figuren wie Eisberge: Ein riesiger Bär als Gerichtsvater der Taiga und die Mutter Bärin mit drei kleinen Bärchen. Das sind ihre Kinder. Ich denke unwillkürlich an eine Szene aus dem Märchen "Die drei Bären".

Etwas entfernt vom Platz gibt es noch drei Eisfiguren: eine Trojka, ein Gespann aus drei Pferden und Schlittenwagen. Wenn man will, kann man für fünfzig Kopeken eine richtige Trojkafahrt machen.

Das Wunderland

Es ist nun Neujahr, und auf unserem Dorfplatz kann man erstmals einen Winterjahrmarkt besuchen. Mama und ich gehen, um an diesem ungekannten Erlebnis teilzuhaben. Heinzi bleibt inzwischen bei Tante Sonja, unserer Nachbarin, weil er sich immer so schnell erkältet. Als er begreift, daß Mama ihn nicht mitnimmt, weint er so kläglich und bitterlich, daß er mir leid tut. „Ich bringe dir Bonbons mit und erzähle dir die Nachtkußgeschichte von 'Hänsel und Gretel' ", verspreche ich ihm.

Draußen herrscht grimmiger Frost, der Schnee liegt dick und dicht. Rauhreif läßt Bäume, Zäune, Geländer und Drähte glimmern. Der Schnee ist so hart gefroren, daß er unter den Füßen knirscht. In der Schneeluft liegt etwas Perlendes und Prickelndes. Als wir am Marktplatz ankommen, dämmert es bereits. Egal, denn ich habe nur Augen für das Wunderland. Es besteht fast nur aus Eis, ein richtiges Wintermärchen.

Da sind niedliche Eishäuschen, in denen Frauen stehen und vergoldete Nüsse und silberne Tannenzapfen verkaufen. Auch Kugeln, blaue, rote, gelbe, grüne, sogar silberne und ganz weiße mit blauen und roten Streifen, werden angeboten. Lange Silberketten und solche aus Goldpapier. Es gibt auch Sterne und Spitzen, die man oben auf die Bäume stecken kann. Und selbstgebasteltes Spielzeug wie Gurken, Enten, Schwäne, Hasen, bunte russische Matrjoschki und allerlei anderes aus Karton, Watte, mit goldenem und silbernem Puder geschmückt. Dazu bunte Glaskreisel und glänzende grüne Körbchen mit roten Erdbeeren, rote Glückspilze, weißgepunktet, lange, spiralförmige silberne Eiszapfen, und kleine bemalte Schaukelpferdchen und Holzbärchen gibt es auch. Und, und, und...

Das Allerniedlichste aber sind kleine, lieblich gefertigte Glaspüppchen mit rotem Kopftuch, vorn gebunden, in langen Röckchen, blau und hellrosa, kreisförmig bemalt. Diese Püppchen nennt man „russische Birken“, weil sie der adrett geformten Jungfrau ähneln, die genauso aussieht wie eine junge, schlanke Birke mit dem silbernen Stängelchen.

Alles zum Schmücken des Tannenbaumes. Es glitzert und funkelt, es leuchtet in allen Farben. Ich hätte mir stundenlang die Pracht anschauen können. Ich stelle mir vor, wie das wäre, wenn in unserer einzigen Stube eine majestätische Jolotschka, geschmückt mit dieser Pracht, wie herbeigezaubert stehen würde. Da sagt die Mama, daß wir nichts von dem prächtigen Tannenschmuck kaufen würden. „Jola, wir können uns diese Schönheit nicht leisten, nur anschauen."

Ich werde weitergezogen. Im nächsten Häuschen gibt es Bonbons, mit und ohne Marmeladenfüllung, und solche, die man „Pomadka-Tjubeteika“ nennt, weil sie wie ein rundes, buntes Käppchen sind, farbig, unten ganz platt, wie ein Fladenkuchen, oben ein bißchen spitz und auch kugelförmig. Sie sind ganz weich und zart und schmecken wundervoll. Runde Fruchtbonbons, erbsengroß, rot, grün, gelb, durchsichtig und glasig, werden ebenfalls angeboten. Diese Bonbons haben einen säuerlichen Zitronengeschmack und sind die allerbilligsten. Und wieder ein Häuschen weiter sind die offenen viereckigen Pappkartonkisten voller dicker ovaler Zitronenbonbons. Und weiße Bonbons, dick wie Bohnen, mit Rosinenfüllung oder mit dicken runden Nüssen und Schokoladenüberzug gibt es auch. Wir sehen auch Pfefferminzbonbons und 'Schneeflöckchen-Bonbons', die in blaues Papier mit weißen Sternchen gewickelt sind, von denen es beim Lutschen ganz kalt auf der Zunge wird. Und Bonbons, die wie bunte Seidenkissen sind, oder solche, die wie Kakao aussehen, von denen man einen braunen Gaumen bekommt. Ach ja, und Pralinen gibt es, einfache oder mit fein gemahlenen Nüssen, die „Rotkäppchen“ oder „Nordbär“ heißen, und Kirschpralinen mit Likör, die ganz lecker schmecken.

Mama kauft Pfefferminz- und Schneeflöckchenbonbons. „Zum Neujahrsfest“, verspricht sie. Außerdem Fruchtbonbons zum Tee und für Heinzi ein kleines Tütchen mit Pomadka, karmesinrot wie Himbeeren, weil er noch keine Fruchtbonbons beißen kann. Mein Bruder Walter hat mir zur Belohnung, weil ich mit Heinzi gut spiele und artig bin, einen Rubel gegeben. Dafür kaufe ich fünf Rotkäppchen-Pralinen, für jeden eine und für Heinzi sogar zwei.

Zwischen den Bonbonbuden, der Brotbude gegenüber, ist ein großer Platz, auf dem Frauen heiße Plinsen mit Marmeladen- oder Quarkfüllung verkaufen. Die Frauen sind in grell bunte Umschlagtücher gewickelt und tragen lange, prächtige Röcke und kurze Schafspelze. Wie russische Matrjoschki stehen sie da, mollig, rotbackig wie überreife Äpfel. In der Mitte des Tisches steht ein großer bauchiger Samowar aus Messing, der ungefähr 20 Liter faßt. Er dampft und pustet und singt sein heiteres Lied. „Heißer Tee mit Honig und Zucker, Leute! Plinsen, fein und klein, zart und wohlschmeckend!" So werden die Passanten angelockt. Der Kräutertee verbreitet ein feines Aroma und wird mit Lindenhonig angeboten.

Herrje, wie schön wäre es, ein Glas heißen Tee und nur eine einzige Plinse zu probieren! Mama sieht den begehrlichen Blick, den ich auf die Plinsen werfe. „Mädel, da haben wir nichts zu suchen!" erklärt sie resolut. Ich werde bockig und setze meine Kummermiene auf, die jedoch unbemerkt bleibt. So trotte ich mit der Mutter weiter.

Als wir zum Platz mit den Eishöhlen gelangen, vergeht meine Kummermiene von selbst. Lange, glänzende Eiszapfen und Eisfiguren, die zum Himmel emporragen, sind dort. Eishütten, Eisbahnen und noch vieles mehr aus Eis. Eine ganze Pracht aus Eis. Es ist das reinste Wunderwerk, das Väterchen Frost, der Zauberer, in einer Nacht mit dem goldenen Zauberstab in ein Phantasiewerk verwandelt hat. Ganz still bin ich vor Staunen. Das Phantasieland wird von verschneiten hohen Bäumen umarmt. Die prunkvollen Zweige sind mit lilaweißem Schnee bedeckt, der im hellen Mondschein silbern schimmert.

In der Mitte des Platzes erhebt sich wie ein Eisberg in der Mitte des Ozeans eine ungewöhnliche Eisfigur. Sie stellt den Helden der russischen Sage "Ilja Muromez" dar. Er sitzt auf einem Pferd, das seinen Kopf zur Seite neigt; in der linken Hand hat er einen geschmiedeten Speer, mit der rechten hält er das Pferd beim Zaum. Auf dem Rücken kann man in einem Lederbeutel, der aus Eis gegossen ist, deutlich den Bogen und die Pfeile sehen. Nicht weit von der Statue erhebt sich ein hohes und blankes Eisgebirge, dessen Gipfel mit Schnee bedeckt ist. Es fehlt nur die Inschrift: „Wer nach rechts geht, der wird reich; wer nach links geht, der wird heiraten; wer geradeaus geht, findet den Tod." Das ist die berühmte Szene aus dem Märchen „Ilja Muromez und der heilige Riesenberg", die genauso dargestellt ist, wie sie im Märchenbuch steht.

Rechts von Ilja Muromez erhebt sich ein riesiger, zwei Meter großer Bär, der Gerichtsvater der sibirischen Taiga, links symbolisieren drei eingespannte Eispferde die russische Troika.

Zwischen den verschneiten Tannenbäumen steht eine kleine Eishütte auf Hühnerfüßchen aus dem Märchen „Gänse und Schwäne". Es ist die Hütte der bösen Fee, die klein und krumm ist und ganz scheußlich aussieht. Zwei pechschwarzen Augen aus Kohle, eine lange krumme Nase aus einem abgetragenen Filzstiefel und zerzauste schwarze Pferdehaare als Frisur gestalten den Kopf der bösen Zauberin. In der Hand hält sie einen langen Besenstiel, mit dem sie ihre bösen Spiele treibt. Sie hat ein abgenutztes Kleid an, das jetzt steifgefroren ist. Im hellen Mondschein wirkt die alte Hexe mit dem Holzbein noch häßlicher und kälter. Da mag ich mich nicht lange aufhalten! Als die Mama meine bangen Augen sieht, lacht sie laut: „Jola, mein Mädel, das ist doch ein Märchen! Außerdem ist alles Stein und Bein gefroren." Trotzdem will ich von der Hexe weit, weit weg.

Wir kommen zu der Stelle, wo ein leibhaftiges Pferdedreigespann mit einem geschmückten Schlitten aus Kiefernholz eine notdürftige Stallung hat. Hier riecht es nach Pferdeäpfeln. Vor den Verschlag hat man Stroh gekippt, dickes, gelbes Stroh, das noch ein bißchen nach Herbst riecht.

Wenn man Glück hat, kann man für 50 Kopeken eine richtige Troika-Fahrt mitmachen. Aber die Schlange von Kindern und Erwachsenen ist einfach zu lang, und es ist bitter kalt. Die Wartenden sind mit dicken Wintermänteln und Strickjacken vermummt. Drei schöne, kräftige Pferde bilden die Troika. Das erste Pferd ist weiß wie Schnee, das zweite schwarz wie eine Rabe, und das dritte ist ein Apfelschimmel. Das Pferdegeschirr ist mit verschiedenen Streifen umflochten, die gelb, rot, lila und grün gefärbt und mit vielen goldenen Glöckchen und Schellen geschmückt sind. Die Pferde schnauben, ihre Mähnen sind vereist, an den Mäulern hängt Schaum, aus den Nüstern strömt Dampf. Sie sind müde und tun mir leid. Der Kutscher ist ein kräftiger russischer Mushik mit kohlschwarzem Bart in einem rauhen, roten Gesicht. Filzstiefel, ein Schafspelz und eine Pelzmütze schützen ihn gegen die Kälte. In der rechten Hand hält er eine verzierte Peitsche mit einem Knoten am Ende. Er treibt die Pferde mit lustigem Pfeifen und drolligen Rufen - „uljulju" - voran. Die Peitsche knallt. Während der Troika-Fahrt durch die verschneiten Straßen hört man weit und breit die Glöckchen und Schellen helltönend klingen, daß einem ganz froh ums Herz wird. Ich möchte auch mit der Troika fahren, aber Mutter sagt: „Jola, wir haben weder Geld noch Zeit dazu. Es wäre reine Verschwendung!" Als ich zu protestieren versuche, holt Mama tief Luft und schüttelt den Kopf. „Kind, komm weiter zum Goliath, da kannst du Schlitten fahren!" Ich beruhige mich und gehe mit Mama weiter.

Als wir um die Ecke des schmalen Gangs zwischen den Eishütten biegen, erblicke ich den Goliath. „Ura! Ura!" schreie ich vor Freude. Der Goliath ist eine Eisbahn, auf der die Kinder mit ihren Schlitten fahren. Ein märchenhaftes Ungeheuer in Form eines riesigen Menschenkopfes. Ich erinnere mich an Mamas Liedchen: *"War einst ein Riese Goliath, ein ganz gefährlicher Mann, hat eine Drossel in der Hand und eine oben dran.*" Ich setze mich auf den Schlitten und fahre durch den riesigen Goliathmund bis zum Ende des Eisfeldes. Und noch einmal und noch einmal, bis meine Kleidung naß und steif ist. Das Schlittenfahren macht mir so viel Freude, daß ich am liebsten noch bleiben möchte. Doch die Mutter ist unnachgiebig: „Mädel, da sind wir morgen früh noch hier! Und zu Hause wartet dein kleiner Bruder auf uns!"

Ich weiß, daß eine Widerrede nichts nützt. Ich will mir noch gern den Wettbewerb „Kühne Burschen" ansehen. Am Ende des Platzes, der Troika-Stallung gegenüber stehen zwei Masten, zehn Meter hoch, glatt wie poliert. An den Enden der Masten sind verschiedene Köstlichkeiten mit einem Strick befestigt - eine Flasche Champagner und eine Flasche Wodka, schöne weiße Filzstiefel, funkelnagelneu, Lederstiefel, eine Harmonika und allerlei anderes Schöne, das man sich nicht leisten, aber gewinnen kann. Ich würde zu gern die Filzstiefel haben, alles andere lockt mich nicht. Die Burschen müssen die Masten hinaufklettern, wobei sie die Menschenschar von unten mit Pfiffen und Applaus anfeuert. Leicht ist das nicht, und nur die Kräftigsten kommen ans Ziel. Dazu spielt die Harmonika lustige Lieder, Märsche und Polka-Musik. Da ist es richtig lustig! Alt und jung, alles wirbelt beim Tanz durcheinander.

Auf dem Rückweg nach Hause müssen wir das verschneite Feld überqueren. Weit und breit sind keine Häuser und schon gar keine Eishütten zu sehen. Wir kommen an der Schlittschuhbahn vorbei. Der Himmel ist mit hell glitzernden Sternen übersät, der Schnee schimmert wie Silber, und das Eis dehnt sich wie ein blank geschliffener Smaragd aus, so durchsichtig und glänzend im hellen Mondschein. Alles ringsum ist in kaltes Blau getaucht. Die Schlittschuhbahn ist voller Kinder und Jugendlicher.

Auch mich lockt die Schlittschuhbahn. Aber mir bleibt nichts weiter übrig, als sehnsuchtsvoll zuzuschauen. Schade, daß ich keine Schlittschuhe habe. Wenn ich groß bin, werde ich eines Tages welche besitzen. Und zwar ein Paar weiße aus feinem Leder, so wie sie die Kunstläufer tragen. Ich stelle mir vor, wie ich die Schlittschuhe stolz anschnalle, auf das blanke Eis laufe und allerhand komplizierte Figuren laufe, so daß meine Spielgefährtin Julka vor Neid platzt.

Als wir zu Hause ankommen herrscht in meinem Herzen Freude. Stille Freude. Ich erzähle Heinzi vom Wunderland, von allem, was ich gesehen habe. Natürlich auch das Märchen von „Hänsel und Gretel". Und als wir zu Bett gehen, denke ich mir Geschichten aus, die ich Heinzi später als Nachtkußgeschichten erzählen will.

Mutters Nachtkußgeschichten

Heute ist Sonntag, und Mama hat endlich einen Ruhetag bekommen.

Schade, daß sie nicht jeden Sonntag daheim bleiben kann. Mama´s Dasein im Schoß der Familie, noch dazu am Sonntag ist für uns Kinder wie ein riesiges Fest. Schließlich ist unsere Mutter weit mehr auf der Arbeit als zu Hause.

Überhaupt ist der Sonntag mein Lieblingstag. Man kann ein bißchen länger schlafen, und wenn es draußen nicht so kalt ist, da kann man nicht nur eine Schneeballschlacht machen, sondern auch Schlitten und Ski fahren. Und im Sommer, wenn es richtig heiß ist, gehen wir an die „Kamenka" uns Abkühlung verschaffen. Dann werden wir von Mutter so richtig verwöhnt. Sie sitzt auf einer großen grauen Decke, die sie nicht allzuweit vom Wasser entfernt ausgebreitet hat, und strickt dabei Wollsocken für den Winter, oder sie häkelt Spitzen. Irgendwie will sie uns Kinder nicht aus den Augen verlieren. Wir sind fast nur im Wasser - schwimmen, spielen Ball oder toben einfach nur herum. Am Ufer wärmt uns dann der feine gelbe Sand, und wenn wir uns hinlegen bleibt er an unseren Körpern kleben. Es tut wirklich gut, am Strand des Flusses zu liegen und das Wolkenspiel zu beobachten. Und abends, wenn die Sonne schon längst untergegangen ist und die Nacht vor der Tür steht, kommt unsere Lieblingsstunde. Mama weiß genau, daß wir Kinder auf ihre Geschichten, Märchen und Gebete sehnsüchtig warten. Vor allem auf ihre Nachtkußgeschichten, die wie die Maiglöckchen duften und wie Bonbons schmecken. Werktags hat sie zum Erzählen keine Zeit, weil sie von der Arbeit todmüde und viel zu spät heimkommt. Und sie muß noch den großen Ofen in Gang bringen, das Essen vorbereiten und allerlei andere Hausarbeit erledigen.

Im Winter klingen Mutters Geschichten sogar abenteuerlich und romantisch. Das liegt am Schneesturm, der dann draußen tobt und an den Eisblumen, mit denen der Frost unsere Fenster bemalt hat. Das Feuer im Ofen ist schon längst verglommen. Der Wind bläst die letzte Wärme durch den Schornstein hinaus und in der Stube wird es frisch. Aber oben auf der Pritsche ist es noch warm. Wir kuscheln uns tief in die alte Wattedecke und sind mucksmäuschenstill. Mit angehaltenem Atem hören wir die spannenden Geschichten von Schneewittchen, Aschenputtel, Dornröschen, Hänsel und Gretel, Rotkäppchen und...und...und. Einen ganzen Strauß von Märchen, die alle so farbig und bunt sind wie die Blumen auf der Wiese. Mutters Stimme ist leise und weich wie Samt. Ich versuche, mir die Märchen einzuprägen, um sie Heinzi später noch einmal zu erzählen. Wenn Mama auf der Arbeit ist, weint er oft herzzereißend, weil er noch klein ist und Hunger hat. Aber zu essen gibt es nichts. Da erzähle ich ihm die Nachtkußgeschichten und denke mir sogar selber welche aus.

Natürlich sind Mutters Gute-Nacht-Geschichten etwas ganz Tolles. Und die Geschichte vom Mond ist die allerschönste. Mama kann so schön erzählen wie niemand sonst. Nicht einmal Tante Sonja, unsere Nachbarin, die oftmals kommt, wenn Mama auf der Arbeit ist. Es kribbelt richtig in meinem Bauch, wenn ich zuhöre.

Über den Mond und was mit ihm zusammenhängt, weiß Mama besonders viel zu erzählen. „Wenn der Mond der Sichel ähnelt und wie ein Schiff mit hohem Kiel aussieht, haben wir Junglicht. Im Herbst jedoch kommt die Zeit des Sauerkraut-Einsalzens. Damit das Kraut schön Saft abgibt. Der Saft hat einen säuerlichen Beigeschmack und ist für den Magen gesund, weil er reichlich Vitamin C enthält. Nach vier Wochen ist der Mond rund wie eine Kugel. Vollmond sagt man dazu. Die Zeit des Sauerkraut-Einsalzens ist nun längst vorbei. "Wer da Kraut einsalzt, der hat Pech, das Kraut gibt wenig Saft ab, und der Saft schmeckt bitter." Und Mutter weiß auch: "Die Mondkugel schimmert manchmal mit ihrem geborgten Licht durch den Dorfdunst, rötlich wie ein Trinkergesicht." Mich wundert daran, daß der Mond so große traurige Augen hat, und ich möchte wissen, warum auf dem Gesicht der Mondgöttin so viele schwarze Flecken sind. Und ich nehme mir vor, Mama demnächst, wenn sie wieder vom Mond erzählt, danach zu fragen. Ganz bestimmt kennt sie die Antwort.

Auch heute steht der volle Mond über der dörflichen Landschaft, zitronengelb in Blau. Er scheint prächtig. In lichtem Mondschein zittert und säuselt die Gegend. Der Schnee glitzert silberblau. Und wie wir gerade beim Abendbrot sitzen, schaut er uns mit großen Augen in die kleine Kartoffelschüssel und sein ausgeborgtes Licht fällt sanft auf den Tisch in der Zimmermitte. Dabei fallen mir meine Fragen ein: „Warum ist der Mond so fleckig?“

„Ach, mein Kind. Das kommt von dem alten Mann mit seinem Bündel Reisig auf den Schultern. Ihn hat der liebe Gott zur Strafe auf den kalten Mond versetzt."

„O, Mutti, wie schrecklich!" rufe ich. „Der arme alte Mann mutterseelenallein auf dem kalten Mond, er muß sich doch fürchten?!“ Der alte Mann tut mir so leid, daß ich sofort spüre, wie sich meine Augen mit Tränen füllen.

„Und was für eine Sünde hat der alte Mann begangen, daß der liebe Gott ihn so unbarmherzig bestraft hat?“ Ich bin neugierig, und Mutter bleibt nichts übrig, als mir die Geschichte zu erzählen.

„Der Mann war alt und vergeßlich. Er wohnte in einem dichten Wald in einer kleinen Hütte. Mutterseelenallein. Als der liebe Gott den Himmel und die Erde und alle Geschöpfe und Tiere in sechs Tagen erschaffen hatte, ruhte er sich am siebenten Tag aus. Er segnete diesen Tag und heiligte ihn in alle Ewigkeit. Der alte Mann hatte das aber vergessen, er ging in den Wald, um Reisig zu holen. Gott jedoch hat ihn bei diesem sündigen Tun entdeckt und ihn bestraft, indem er ihn auf den kalten Mond schickte. Seitdem wandert der Mann dort herum und sucht seine Hütte.“

„War das eine große Sünde?“

„Ja, mein Kind. Am siebenten Tag darf man nicht arbeiten. Gott hat diesen Tag geheiligt.“ Und bei diesen Worten wird Mama sehr traurig und ernst.

„Und warum mußt du so oft am Sonntag arbeiten, Mama?" frage ich schüchtern. „Ist dein Natschalnik ein so böser Mann?“

Mama seufzt tief und sagt: „Jola, mein Mädel, das verstehst du sowieso nicht, dazu bist du noch zu klein“, und ihr Gesicht wird finster. Sie möchte darüber nicht reden. Es ist sinnlos. Wir sind Deutsche, und wir sind verbannt.

Ich bin ganz in Gedanken neben der Mutter sitzengeblieben, und in meinem kleinen Kopf schwirrt eine Vielzahl von Fragen, die alle mit warum anfangen. Ich möchte gern wissen, warum unser Vater nicht bei uns ist, sondern jenseits des Ural in der Taiga, am fürchterlichen Eismeer, und warum Mutter allein für uns Kinder sorgen muß. Warum können wir nicht zu Vater ziehen? Nicht einmal besuchen dürfen wir ihn. Warum hassen und beschimpfen uns die Russen? Aber ich will meiner Mama nicht weh tun und bin einige Zeit still. Sie soll sich beruhigen.

Draußen ist die Erde mit einer weißen Decke bedeckt. Bevor die Mutter eine neue Geschichte erzählen wird, frage ich ganz schnell: „Mutti, und warum ist der Schnee weiß?“ Und ich schaue ihr tief in die Augen. Mutters Augen sind jetzt wie Brombeeren, groß und sanft und schimmernd. Ich merke, daß sie eine Geschichte zu meiner Frage kennt. Bestimmt wird sie diese Geschichte gleich erzählen

„Jola, du bist ein sehr neugieriges Kind, und ich bin froh, daß ich so ein Mädel habe. Tja, mir bleibt nichts übrig, als deinen geistigen Durst zu stillen“, sagt sie und dabei umarmt und küßt sie mich. Mamas Küsse sind zärtlich und samten.

„Vor langer, langer Zeit, als der Schnee noch keine Farbe hatte, bat er das Gras:' Gib mir doch etwas von deinem schönen Grün!' - 'Ich denke nicht daran, du farbloses Nichts', spottete das Gras.

Ich denke an das saftige Grün auf der Weide. „Grün ist die Farbe der Hoffnung“, sagt Mama. "Und nun hatte das Grün dem Schnee die Hoffnung genommen."

„Geizhals“, flüstere ich vor mich hin.

Aber Mama erzählt bereits weiter. „Da bat der Schnee das Veilchen um sein kräftiges Violett. Aber das lachte nur und wollte ihm auch nichts von seiner Farbe abgeben. Enttäuscht ging der Schnee zur Rose und nacheinander zu allen anderen leuchtend farbigen Blumen. Zuletzt versuchte er noch sein Glück beim Schneeglöckchen. Das wollte zuerst auch nicht."

„Aber warum sind sie alle so gemein zum Schnee?“ frage ich empört dazwischen. Mir tut der Schnee wirklich leid. Und ich meine, herausgefunden zu haben, daß der Schnee so kalt geworden ist, weil ihn alle Farben so enttäuscht haben.

Mutter erzählt: „'Dann geht es mir nicht anders als dem Wind“, klagte der Schnee, 'der bläst und heult, und ist doch nicht zu sehen.' Da bekam das Schneeglöckchen Mitleid mit dem Schnee und gab ihm seine Farbe. So wurde er weiß und ist es bis zum heutigen Tag. Den bunten Blumen ist er gram geblieben. Die läßt er erfrieren. Das Schneeglöckchen aber darf blühen - inmitten von Eis und Schnee.“ Dann ist Mama still, und ich denke an das schöne gnädige Schneeglöckchen.

Es war kurz vor den großen Feiertagen, da hat der Bruder Walter den Ofenzug gereinigt, damit der große Ofenbauch nicht mehr qualmt. Als er in die Stube trat, haben wir uns erschrocken. Er war vom Ruß ganz schwarz geworden und sah wie ein Schornsteinfeger aus, nur das Weiße in seinen Augen leuchtete. Jetzt heizt unser Ofen wieder richtig. Die Kohlen knistern, die hellen Feuerstrahlen leuchten wie tausend brennende Kerzen, und in der Stube ist es warm. Draußen herrscht klirrender Frost. Der Nachthimmel spannt sich in seiner eisigen Weite. Der aufgehende Mond hängt am Himmel, und scheint durch unser Fenster. Wir sitzen alle ganz nahe am Ofen. Mutter hat Heinzi auf ihren Schoß genommen, und ich sitze auf meinem kleinen Stühlchen neben ihr. Ich kann sehen, wie Mutters Gesicht von der Wärme des Ofens ganz rot wird. Sie schaut mich an, und die Wärme ihres Blickes ist gütig wie die Sonne in den Dünen nach dem Bad. Flaumig golden wie eine gelbe Pflaume ist die stille Dämmerung in der Stube. Sie sagt, wenn wir ganz still sitzen, wird sie uns die Geschichte von den drei göttlichen Geschwistern erzählen. Die Geschichte vom Hahn, dem Mond und der Sonne, die mich wirklich tief beeindruckt.

„Jeden Morgen, wenn der erste Sonnenstrahl in den Hühnerstall fällt, grüßt der Hahn mit hellem Kikeriki die Sonne."

„Warum?“ frage ich neugierig.

„Das will ich jetzt erzählen“, sagt die Mutter, "und bitte behaltet diese Geschichte für euch! Der Hahn hat nicht umsonst das leuchtende Gold in seinem Gefieder; er ist nämlich ein Gotteskind, und Sonne und Mond waren einstmals seine Geschwister."

Ich denke an Tante Sonjas Hahn, der sich zwischen den Hennen immer eitel und stolz aufführt. Die Federn sträuben sich, der Kamm ist fleischig und rot, und er ist ständig zu einem Kampf bereit. „Wie aber kam er zu uns auf die Erde?" frage ich.

„Also, es war so: Als die drei Geschwister noch einträchtig am Himmel wohnten und die Sonne gerade auf Reisen war, befahl der Mond dem Hahn, er solle die Kühe auf der weißen Milchstraße in den Stall treiben. Der Hahn aber hatte keine Lust dazu und sagte: 'Das kannst du recht wohl allein tun.' Da wurde der Mond zornig, packte den Hahn am Kamm und warf ihn hinunter auf die Erde. Als die Sonne heimkam und von dem Streit hörte, sagte sie: 'Du hättest recht wohl mit deinem Bruder in Frieden leben können. Ich will dir darum künftig aus dem Wege gehen.“

„Ach, deshalb steigt die Sonne erst auf, wenn der Mond untergegangen ist, und sie hinter die Berge geht, wenn der Mond an den Himmel kommt?" frage ich.

„Du bist ein kluges kleines Mädchen. Und du weißt jetzt auch, warum der Hahn seit der Zeit jeden Morgen seine Schwester mit lautem Kikeriki grüßt und er, sobald am

Abend der Mond kommt, den Kopf unter den Flügel steckt, damit er ihn nicht anzusehen braucht." Ich nicke. Der Mond steht ganz schön am Himmel. Mama sagt, daß der Mond aus Messing sei, weil er in der Nacht leuchtet.

„Leben auf dem Mond Menschen?", frage ich.

Die Mutter schüttelt den Kopf und sagt: „Genau weiß das nur der liebe Gott im Himmel."

„Mutti, als noch nichts da war, noch kein Himmel und keine Erde, die Sonne noch nicht und der Mond - war da Gott schon da?"

Die Mutter wird nachdenklich.

Ich frage weiter: "Und wenn die Welt untergeht, ist Gott dann auch nicht mehr da?"

Über Mutters Gesicht huscht ein Schatten. „Jola, ich habe dir die Geschichte vom Mond und dem alten Mann mit dem Bündel Reisig erzählt, und du weißt doch, am Anfang war Gott und hat alles geschaffen. Gottes heiliger Name ist 'Ich bin ja da'. Vor allem Anfang war er da, und am Ende wird er auch da sein. Wenn die Sterne vom Himmel fallen, wenn der Himmel einstürzt, dann wird Gott erscheinen als der Ewige. Nicht der Abgrund der Hölle tut sich auf, um alles zu verschlingen, sondern der Himmel öffnet sich, und Gottes Sohn kommt in den Wolken mit großer Kraft und Herrlichkeit!" Mutters Augen leuchten.

Der kleine Heinzi ist inzwischen auf ihrem Schoß eingeschlafen. „Das Sandmännchen hat Heinzi schon ein paar Sandkörnchen in die Augen gestreut, und du, mein Mädel, mußt auch schlafen gehen", sagt die Mutter, und auf ihrem Gesicht glüht das letzte Licht der glimmenden Kohlen.

„Oh Mutti, erzähle mir noch die Geschichte vom Zaubersee und dem Buschwindröschen", bitte ich butterweich.

„Na, gut", sagt Mutter. „Auf einem der breiten, bewaldeten Berge lag ein dunkler See. Er war viereckig, mit so geraden Ufern und so scharfen Winkeln, als wäre er von Menschen gegraben. Der See war ölglatt, blau und still. Einmal ritten drei Männer mit der Absicht dorthin, Fische zu fangen. Und siehe, Forellen, um den Mund gefleckt wie mit glühenden Funken drängten sich an ihre Hände, daß sie davon eine Menge ans Land warfen."

Ich kann mir diese Fische, die sich Forellen nennen, beim besten Willen nicht vorstellen. „Wie sehen die Forellen aus? Schmecken sie überhaupt?“ frage ich.

„Ja, mein Kind, die Forellen sind silberblau, schlank; sie lieben sauberes Wasser. Ihr Fleisch ist weiß und zart und schmeckt ein bißchen süß, einfach köstlich. Es ist ein sehr fetter Fisch." Mir läuft bei Mutters Worten das Wasser im Mund zusammen. „Gebratene Forelle...Mhm...Es war die Himmelsmahlzeit bei uns an der Wolga." Mutters Augen werden traurig. Und auch ich bin traurig, denn meine Därme im Bauch spielen verrückt. „Im Zwielicht machten sie Feuer an, taten die Fische in zwei Pfannen und stellten sie darüber. Und als der Mond aufgegangen war und die Nacht heraufzog, wurde das Wasser in den Pfannen heißer und heißer und brodelte und sott.

„Und die Fische, waren sie tot?“ frage ich erschrocken.

„Nein, sie waren nicht tot, sondern sie wurden immer lustiger. Und auf einmal kam ein Sausen und Brausen in den Bäumen auf, daß sie meinten, der Wald falle zusammen, und der See rauschte, als wäre Wind auf ihm. Und doch rührte sich kein Zweig und keine Welle, und am Himmel stand keine Wolke. Nur in dem See ging es wie murmelnde Stimmen: Es sind nicht alle zu Hause, nicht zu Hause."

„Zauberei“, sage ich. "Die Zauberer machen das.“

„Ja", sagt Mutter, "du kennst die gutherzige wunderschöne Zauberin aus dem Märchen Aschenputtel. Aber es gibt auch Hexerei, da hat der Teufel seine Hand im Spiel.“

Hexen und Hexer sind für mich etwas Böses, ich finde sie schrecklich. Ich bekomme Angst und klammere mich an Mutters Rock. Ich mache die Augen fest zu und bete.

Die Mutter holt tief Luft, und dann sagt sie: „Jola, mein Mädel, du brauchst dich nicht zu fürchten, ich bin bei dir. Und uns beschützen die Engel."

Ich würde mir wünschen, nur ein einziger Mal die Engel vorbei fliegen zu sehen. Ich hauche ein Loch in die vereiste

Fensterscheibe und sehe wie die Sterne am Himmel giftig grün funkeln. Und überall Schnee, hohe Berge von Schnee. Ein unermeßlich großes weißes Tuch ist über die Erde gebreitet. Mutters Gesicht ist ganz komisch. Traurig. Und so, als würde auch sie sich etwas wünschen. Vielleicht, daß der Vater wieder da ist.

„Tja“, sagt sie schließlich, „ich will dir schnell den Schluß erzählen, dann mußt du aber schlafen gehen. - Da kam die Männer eine Furcht an, und sie warfen alle Fische ins Wasser. Im Augenblick war Stille, und der Mond stand friedlich am Himmel. Die Männer blieben die ganze Nacht auf einem Stein sitzen und sprachen nichts, denn sie hatten Angst. Als es Tag geworden war, gingen sie eilig von diesem Platz und berichteten alles den Königen. Diese zogen sofort ab und verwünschten den Wald, daß er eine Einöde bleibe auf ewige Zeiten.“

Mutter steht mit einem Ruck auf, und sagt zu mir: "Jola, jetzt mußt du wirklich schlafen gehen. Es ist leider schon spät, und ich muß morgen früh auf die Arbeit gehen. Du verstehst das doch?“

„Natürlich verstehe ich das“, sage ich kläglich. „Aber Mutti, du hast versprochen, die Geschichte vom Buschwindröschen zu erzählen“, drängele ich trotzdem. Und als Mutter die Geschichte vom „Buschwindröschen“ zu erzählen beginnt, schwebe ich schon zwischen Tag-und-Nacht-Träumen. Ich bin glücklich, daß ich so eine Mama habe.

Erst die kühle Morgenluft weckt mich aus meinen Träumereien. Und wie immer sind die Sonntagnachtträume blau und luftig. Aber jetzt ist es Montag, und Mama ist nicht zu Hause. Sie ist wieder auf dieser scheußlichen Arbeit.

Die Truhe

Der Winter in Sibirien im Jahre 1946 war besonders rauh. Das Thermometer des Lebens stand tief unter Null. Hohe Schneeberge, fünfunddreißig bis vierzig Grad Kälte, stürmischer Wind. Es war ein Jahr der Not, und es fehlte nur noch ein Erdbeben, um das Unglück zu vollenden. Unser Leben in der Barackensiedlung war unerträglich: Zum Elend, zur Armut und zum Hunger kamen die rauhen Sitten dieser Zeit. Diebstahl und Prügeleien am hellichten Tag, Mord. Eine regelrechte Plage waren jedoch die Einbrecher. So frech und brutal, daß kaum jemand von ihnen verschont blieb.

Auch bei uns wurde eingebrochen. Meine Mutter arbeitete im Arbeitsheim als Putzfrau und Bruder Walter als Schweißer in der Waggonfabrik. Der Vater gehörte immer noch zur Trudarmee. Das Wort „Vater“ war für viele Kinder fremd. Überall waren nur Mütter und Kinder. Mutter und Walter arbeiteten beide im Dreischichtsystem, und zwar in verschiedenen Schichten, so daß immer einer von beiden bei uns Kindern war. Das Arbeitsheim befand sich in den Nachbarschaftsbaracken und bei dringender Not konnte die Mutter auf einen Sprung nach Hause kommen, um nach den Kindern zu sehen.

An jenem unglücklichen Tag, um den es in dieser Erzählung geht, hatte Mutter Tag- und der Bruder Nachtschicht. Draußen hatten wir eine sternklare kalte Nacht. Der lilaweißer Schnee schimmerte wie Silber. Während die Mutter im Arbeitsheim auf ihre Ablösung, eine bissige russische Schichtarbeiterin namens Schura wartete, blickte sie ungeduldig durch das Fenster die Straße hinunter und sah bereits etliche Leute von der Arbeit nach Hause gehen. Dabei fiel ihr ein Mann auf, der überall in die Fenster schaute und nervös von einem Bein aufs andere trat. Er war von großem Wuchs und in einen Schafspelz gehüllt; eine Seltenheit zu jener Zeit. Der Mann machte den Eindruck, als würde er etwas ausspionieren. Mutter schenkte dem Mann jedoch keine Beachtung. Leider, denn später sollte sie es sehr bereuen...

Es war spät geworden, als ihr der einarmige Hausverwalter (er hatte den rechten Arm bei der Stalingradschlacht verloren), ein kräftiger Mann mit tiefliegenden unheimlichen schwarzen Augen, der besonders unfreundlich zu den Deutschen war, mitteilte, daß Schura mit großem Fieber im Bett läge und er für die Mutter keine Ablösung hätte. Mutter blieb also nichts übrig, als nun auch noch die Nachtschicht zu machen. Sie bat den Hausverwalter, um die Erlaubnis, rasch nach Hause gehen zu dürfen, um nach den Kindern zu sehen. Der Hausverwalter murrte zunächst. Da Mutter jedoch regelrecht flehte, ließ er sich zu der Erlaubnis herab: „Aber schnell Nina, nimm die Beine in die Hand!“

Mutter trug seit neuestem nicht mehr ihren deutschen Vornamen Hermine, der ließ sich bei den Russen nur schwer aussprechen. Statt dessen rief man sie einfach Nina.

Also eilte Mutter rasch nach Hause, wobei sie draußen immer noch jenen Mann im Schafspelz lauern sah. Bei uns zu Hause war doch hoffentlich alles in Ordnung. Oder?

Unser bißchen Hab und Gut befand sich in einer Truhe, die Mutter als Aussteuer bekommen hatte. Daneben besaßen wir einen russischen Ofen und Mutters Bett, das mein Bruder Walter mit einer Halterung aus zusammengeschweißten Eisenstangen an der Wand befestigt hatte. Zur Stube gehörten noch ein selbstgemachter Tisch und eine Bank aus ungehobelten Brettern, auf der oben die Eimer mit dem Wasser standen und unten das einfache notwendige Geschirr. Wir drei Kinder schliefen oben auf der Pritsche. Als Decken und Matratzen diente uns mehrere Phuphaiki (Strickjacken), die Walter als abgetragene Kälteschutzkleidung von der Arbeit mit nach Hause genommen hatte. Sie waren natürlich schmutzig, aber die Mutter wusch die Strickjacken im Sommer in dem kleinem Teich am Dorfrande. Sie hatte sich dabei viel Mühe gegeben.

Der Korridor der Baracke wurde Mutter lang wie eine Ewigkeit. Dazu die Dunkelheit. Als sich Mutter der Tür nährte, bemerkte sie, daß diese halb offen stand. „Mein Gott, ich bin mir doch ganz sicher, daß ich die Zimmertür abgeschlossen hatte!“ dachte sie aufgeregt. Angst und bange wurde ihr. Flink eilte sie in das Zimmer und sah ein fürchterliches Bild. Die Truhe war offen, und auf dem Boden lagen ringsum die letzten Lumpen und Flickenlappen. „Ach, du lieber Himmel, Kinder; was ist hier los?“ rief sie erschrocken und schlug die Hände über dem Kopf zusammen. „Jola, um Gottes Willen, was ist passiert? Hörst du mich? Die letzte Halbseligkeit haben die verflixten Diebe gestohlen. Wie sollen wir weiterleben.. ? Und draußen ist eine schreckliche Kälte...Gott im Himmel, bestrafe die Menschen, die uns das Letzte vom Leib gestohlen haben!“

Aber ihre Klagen verhallten ungehört. Zitternd vor Aufregung suchte sie nach Walters Armbanduhr, die er neulich als Prämie für ausgezeichnete Arbeit bekommen hatte; nach Vaters schwarzem Anzug, den er noch kein einziges Mal getragen hatte. Nur mit großer Willenskraft hatte Mutter es geschafft, dieses Stück nicht gegen Lebensmittel einzutauschen, sondern es für Vater aufzubewahren. Vergebens, alles, aber wirklich alles war gestohlen.

Zum Glück war uns Kindern nichts passiert. Heinzi und ich heulten fürchterlich. Mutter brauchte eine Ewigkeit, um uns zu beruhigen. Dann begann ich zu erzählen: “In der Nacht wachte ich plötzlich auf. Ich wollte auf den Eimer, um meine kleinen Bedürfnisse zu erledigen. Als ich über den Rand der Pritsche lugte, sah ich einen Mann, er war groß und haarig wie ein Bär, hatte ein zerlumptes Jackett aus grobem Tuch an, kramte in unserer Truhe herum und packte alles in deine Jacke mit dem roten Futtertuch. Als er mich sah, grinste er häßlich. Ich sagte: 'Djadka, wer bist du und was machst du hier!?' Und er erwiderte hämisch: 'Du kleiner Dummkopf, halt bloß die Klappe und zieh dir die Decke über den Kopf. Wenn ich noch einen Mucks höre, bist du auf der Stelle tot. Klar?' Und zur Untermalung seiner Drohung setzte er mir ein Messer an die Kehle. Ich zitterte wie Espenlaub, das ganze Zimmer verschwamm mir vor den Augen. In diesem Moment fing Heinzi laut an zu weinen. Da wurde der Fremde wütend und ging wie ein zorniger Löwe hin und her. Bis er auf einmal das Bündel grapschte und blitzschnell verschwand."

Mutter lief sofort zu Tante Sonja, unserer Nachbarin, danach gingen beide zur Miliz. Die Miliz befand sich im Arbeitsheim. Umständlich schrieb der Milizionär die Einzelheiten des Diebstahls auf. Dann sagte er scheinbar mitleidig zur Mutter: "Grashschdanka W., Sie sind nicht die einzige, die man bestohlen hat. Es sind hier in der Barackensiedlung Hunderte davon betroffen, und wir sind nun mal nur drei Milizionäre und schließlich auch nur Menschen. Geh jetzt lieber zu deiner Arbeit. Peter Stepanowitsch wartet schon auf dich. Und ich befehle dir, die Sache nicht an die große Glocke zu hängen. Du wirst benachrichtigt, wenn der Fall aufgeklärt ist!" Seine Stimme klang militärisch streng und ließ keinen Widerspruch zu.

Mutter war schockiert, unfähig, etwas zu erwidern. Auch Tante Sonja hatte die ganze Zeit über kein Wort verloren. Hinzu kamen die Schmähungen, die sie anschließend von Peter Stepanowitsch zu erdulden hatte. Der Hausverwalter empfing sie mit widerwärtigem Lächeln und fragte mit geheuchelter Ahnungslosigkeit: „Nina, was hast du denn solange bei der Miliz gemacht? Stimmt bei dir zu Hause etwas nicht?"

Mutter antwortete nur mit schwacher Stimme: „Ja, Peter Stepanowitsch, bei uns haben die Einbrecher gewütet. Sie haben unser letztes Hab und Gut mitgenommen." Weiter sagte sie nichts, denn im stillen stand für sie fest, daß jener Mann vor dem Fenster und die Miliz und bestimmt auch der Hausverwalter unter einer Decke steckten.

Am nächsten Morgen fuhr Mutter mit mir nach Barnaul zum Trödelmarkt. Sie hoffte, dort einen Teil der gestohlenen Sachen zu entdecken und somit den Diebstahl selbst aufklären zu können. Aber es war umsonst. Der verdächtige Mann war wie vom Erdboden verschwunden. Er wurde nie gefunden, auch nicht von der Miliz.

Mutter jedoch konnte die schreckliche Sache nicht verkraften. Sie bekam hohes Fieber. Auf ihrer Haut bildeten sich wässrige Wunden, die unheimlich juckten. Ein furchtbares Ekzem, an dem sie noch fast zwanzig Jahre litt.

Das Milchmädchen

Ich war acht Jahre alt, klein von Wuchs, schmächtig und ungelenk. Ich sah so elend aus, als wollte das Leben von mir Abschied nehmen. Hunger blickte aus meinen Augen. Ich hatte nur einen sehnlichen Wunsch: mich ein für allemal richtig sattzuessen! Ich träumte von frischgebackenem Weißbrot und frischgemolkener Milch, die den Duft des gesunden Lebens verbreitete, warm war und leicht süßlich schmeckte. Aber Träume sind Schäume, und die Wahrheit ist oft gemein.

Im November 1947 herrschte klirrende Kälte, die sibirische Erde war seit Wochen mit einem großen Schneeteppich überzogen: Sibirien in seiner gewaltigen Pracht! Ein endlos scheinendes, ein herrliches, aber auch ein furchtbares Land. Unsere neue Heimat. Der Himmel lag über dem Ort wie ein Zinndeckel über einer altmodischen Servierplatte, die Erde tief gefroren, wir hatten 35 Grad minus.

An einem solchen Novembertag klopfte jemand leise an unsere Tür. Mein Bruder Heinzi und ich waren allein zu Hause. Mutter war für ein paar Tage in das nächste Dorf gegangen, um für uns etwas Eßbares zu verdienen. Sie war eine hervorragende Schneiderin. Sie hatte uns streng befohlen, ja niemandem die Tür aufzumachen. Von wegen der Einbrecher, mit denen nun auch wir schon Bekanntschaft hatten machen müssen.

"Wer ist da?" Ich hatte Angst. Doch von der Tür hörte ich eine vertrauenerweckende Stimme: „Mach auf, ich bin dein Vater."

„Nein, nein! Mein Vater ist in der Trudarmee, von dort kommt niemand zurück."

Es blieb still. Der Mann war von diesen Worten wahrscheinlich verblüfft, sagte aber weiter: „Ich habe Brot und Zucker mitgebracht."

Vater...Brot...Zucker...Und diese Stimme! Wo habe ich sie schon mal gehört? Da wird mir Wunderbares und Leckeres versprochen, aber ich darf die Tür nicht öffnen. Einige Sekunden zögerte ich, doch dann siegte der Wunsch, den Vater zu sehen und Brot zu essen, wie von selbst. Mit einem Ruck riß ich die Tür auf.

Dunkelgraue freundliche Augen in einem trockenen, ekkigen Gesicht sahen mich liebevoll an. Der Mann lächelte entschuldigend, ich dagegen blieb skeptisch. Er war nicht alt, nicht jung, nur total abgemagert und für diese Jahreszeit zu arm und zu leicht gekleidet. Auf dem Rücken trug er einen moosgrünen Rucksack, in dem sich seine Habseligkeiten und auch das Brot und der Zucker befanden.

Das also sollte mein Vater sein, 49 Jahre alt und seit langem von uns fort. Er nahm mich auf den Schoß, streichelte mit rauher Hand meine Haare und sagte mehmals: „Du bist aber ein großes Mädchen geworden, Jola.“

„Und wo ist das Brot? Hast du es versteckt?“ Ich schaute sehnsüchtig auf den Rucksack.

„Und wo ist Mutter?“ fragte Vater lächelnd zurück.

Ich erklärte es ihm.

Nun kam auch Heinzi, der aus Angst unter das Bett gekrochen war hervor und musterte Vater voller Entsetzen.

„Komm doch zu mir, Söhnchen“, sagte Vater so liebevoll wie möglich.

„Nein, nein! Du bist nicht mein Vater! Du bist ein böser Onkel, ein Fremder. Geh weg! Geh! Ich will dich nicht sehen.“ Heinzi blickte unseren Vater wie ein gehetztes Wolfjunges an.

Da machte Vater den Rucksack auf und gab mir ein Stückchen Brot, das schwarz wie die Nacht und hart wie Stein war, und dazu, oh Wunder, ein winziges Klümpchen Zucker, hellgelb und süß.

„Und du", sagte Vater zu Heinzi, "komm aus deinem Versteck, und begrüß' deinen Vater, dann bekommst du auch was.“

Das zog, und bald saßen wir beide auf Vaters Schoß. Ich sah, wie langsam eine dicke Träne über seine Wange rollte, die ich im Leben nie vergessen werde.

Das Leben ging weiter. Ich kam in die erste Klasse und wurde von der Lehrerin sehr bald „umgetauft“. Für Jolantha, wie ich laut Geburtsschein hieß, erhielt ich den russischen Vornamen Jelena. Jelena hieß Schönheit. Anfangs war ich froh darüber, denn jetzt war ich wie alle in der Klasse, und niemand konnte mich beschimpfen oder meinen Vornamen absichtlich entstellen.

Vater bekam Arbeit als Buchhalter in der Waggonfabrik. Einige Halbseligkeiten, die er von der Trudarmee mitgebracht hatte, wanderten auf den Trödelmarkt, so zwei Adenauer-Schlafanzüge und Satin für eine Decke. Er begann sofort Zukunftspläne zu machen und träumte davon, daß wir ein eigenes Haus hätten.

Irgendwie entbehrten seine Vorstellung von unserer Zukunft auch gar nicht der Realität, denn schon im Sommer 1948 konnten wir uns eine junge Kuh kaufen. Wir nannten sie Manja, und wir Kinder verliebten uns regelrecht in sie. So drollig sah sie mit ihren weißen und schwarzen Flecken und den lustigen Hörnchen, mit denen sie uns zu necken versuchte, aus. Sie gab herrliche Milch, die den feinen Duft der Steppen und Wiesenkräuter verbreitete und wie die Milch in unseren einstigen Träumen schmeckte. Leider ging der größte Teil des Ertrages für die staatlich vorgeschriebenen Abgaben drauf; und von dem, was uns blieb, verkauften wir fast alles auf dem Basar. "Um weiterzukommen", wie es uns Vater erklärte. Wir brauchten Geld.

Ich wurde die Milchverkäuferin, das Milchmädchen. Da gab es nicht viel Grund zur Freude, denn oft hatte ich keine Zeit, die Schulaufgaben zu machen. Zuerst fand ich das nicht schlimm, der Milchverkauf machte mir sogar Spaß. Aber bald gab es Ärger in der Schule. Andererseits wollte ich meinen Eltern auch helfen, und so ging ich beim Morgengrauen auf den Basar und war beizeiten wieder zurück.

Unsere Milch ging weg wie warme Semmeln! Bei Regen, Frost und Sturm machte der Verkauf jedoch wenig Spaß. Doch die Milch mußte verkauft werden. Vater war unnachgiebig, er hatte seine Pläne, seine Träume...

Doch ich stand nicht nur auf dem Basar. Ich ging auch mit meiner Blechkanne von Baracke zu Baracke, zog durch die dunklen, endlosen Korridore und pries die weiße Kostbarkeit an: „Milch! Milch! Kaufen Sie Milch, fette, süße, frische! Bitte kosten Sie nur, gute Frau! Es gibt nichts Frischeres und Schmackhafteres! Nicht wahr?!"

Bald kannte man mich, so daß ich zu einer regelrechten Stammkundschaft kam. Aber ich verkaufte nicht nur, ich versuchte, hier und da auch zu helfen. War ein Mensch in Not, borgte ich ihm Milch. Dann sah ich in den Augen der Leidenden Dankbarkeit und Rührung. Vater verstand mich. Dennoch gab es auch Menschen, die mir die Tür vor der Nase zuschlugen oder mir böse Blicke zuwarfen. Das machte mich traurig.

1949 war wieder ein besonders grauenhafter Winter. Ich erkältete mich und bekam hohes Fieber, Bronchitis und schließlich eine Lungenentzündung. Acht Wochen mußte ich das Bett hüten und sah aus wie eine Mohnblüte, deren Stil schon abgestorben ist. Mutter versorgte mich mit rührender Ausdauer. Im Sommer hatte sie verschiedene Heilpflanzen gesammelt, die sie gut anzuwenden verstand. Auch der Arzt besuchte mich zweimal am Tag.

Am meisten jedoch trug Manja, unsere Kuh zu meiner Genesung bei: Sie gab die Milch, die Mutter mir heiß machte und in die sie leckeren Honig rührte. Den Honig hatten die Eltern gegen Manjas Milch eingetauscht.

Später erzählte mir Mutter, daß ich sie im Fieber oft gebeten hätte: „Mutti, bitte, gib mir einen großen Becher Milch, Milch von Manja. Milch ist mein Leben!" Und dann tat sie, worum ich sie bat. Ich bekam einen Becher frischgemolkener Milch, deren herrlichen lecker süßen Geschmack ich sogar trotz des hohen Fiebers genoß...

Mein Lächeln für Sibirien

Die Geschichte, die hier erzählt wird, gehört in jene Tage, in denen ich noch so allerlei anstellte. Es gibt aus dieser Zeit ein Foto, auf dem ich, ein elfjähriges Mädchen, ein niedliches Kleid trage, das im Moment des Fotografierens vom Wind ein bißchen angehoben wird. Meine Beine, die dadurch zu sehen sind, wirken dünn und lang wie zwei Stecken, die Füße stecken in alten Sandalen, wobei am rechten Fuß die Schnalle fehlt. Mein Gesicht ist hager und blaß, die Haare sind zu dicken Zöpfen geflochten. Und doch habe ich für meine Mitmenschen, für dieses Sibirien und ein bißchen auch für mich selbst ein Lächeln, das warm ist wie die sibirische Frühjahrssonne.

Es war der 15.Juli. Mutter hatte mir ein Sonntagskleid geschneidert, auf das ich mich schon seit Monaten gefreut hatte. Das Kleid war aus weißem Batist, kornblumenblau gesprenkelt. Am Hals, an den Ärmeln und am Saum war es mit tiefblauen Rüschen umrahmt.

Als das Kleid fertig war, rief mich Mutter in die gute Stube und sagte: „Jola, mein Hummelchen, heute kannst du dein neues Kleid anziehen." Ich jubelte vor Freude. In jenen schweren Jahren galt jedes neue Kleidungsstück als Geschenk von unermeßlichem Wert. Von allen meinen Freundinnen war ich jetzt am besten gekleidet. Das hatte ich den geschickten Händen meiner Mutter zu verdanken.

„Hübsch siehst du aus! Aber sei vorsichtig und nicht so wild beim Spielen, ein Mädchen hat nichts auf Zäunen zu suchen! Und vergiß die Kuh nicht! Sie ist auf der Weide. Heute bist du mit dem Melken dran!" Mutter streichelte mir noch mit ihrer Hand über den Kopf, ich aber hörte ihre letzten Worte kaum noch und verschwand hinter der Tür. „Versprochen, Mutter..."

Als ich schon draußen war, begegnete mir mein Bruder Walter: „Oh, du strahlst ja, als wäre heute ein Fest! Stell dich mal unter die dicke Linde. Ich mache von dir ein Foto." So entstand das Bild mit meinem lachenden Gesicht.

Später schrieb ich auf die Rückseite: *Sackalin, 1950. Das erste neue Kleid einer wilden Hummel.*

Unser Ort trug seinen Namen, der an die Insel Sachalin im Fernen Osten erinnerte, nicht von ungefähr. Er hatte eine gewisse Ähnlichkeit mit der riesigen Insel, die wegen ihres schlimmen Klimas berüchtigt war, noch berüchtigter jedoch war sie als GUlag für die politischen Häftlinge unter dem Terrorregime Stalins. *Sachalin* war ein schreckliches Wort; man hatte Angst, es laut auszusprechen oder es überhaupt mit seinen Gedanken zu berühren.

Unser Sackalin lag abseits vom zentralen russischen Geschehen, es befand sich hinter der hohen Mauer des Waggonwerks. Ein kalter Betonwall zog sich um den Ort, er bescherte uns Einwohnern eine gemeinschaftliche Einsamkeit und machte uns allesamt zu Gefangenen. Sackalin - ein gottverlassenes Kaff an der trostlosen Landstraße nach Bijsk im Altai. Hier wohnten die verbannten Deutschen und ganz arme Leute.

Und doch an jenem Tag hatte ich mein neues Kleid, mein Lächeln, und ich war überglücklich. Wie ein Vogel, der sich seiner Freiheit bewußt geworden ist, sauste ich die Pappelallee hinunter, um vor meiner Freundin Julka mit dem neuen Kleid zu prahlen. Julka war drei Jahre älter als ich. Sie hatte ein Gesicht voller Sommersprossen und große grüne Augen. Die kleinen dunkelbraunen Sommersprossen bildeten einen Kontrast zu ihrer zarten, weißen Haut. Ihr langes Haar war strohblond, ihr hell kariertes Kleid voller Flecken und grau vom vielen Waschen. Ich gab ihr mein neues Kleid zum Anprobieren. Dabei fiel mir ihre aufblühende Schönheit auf.

Der Dachboden, auf dem wir spielten, behrbergte allerhand altes Zeug. Ein idealer Tummelplatz für uns. Kein Wunder, daß die Zeit dabei wie im Fluge verrann. Ich dachte weder an Mutters Worte noch an meine Pflicht. Plötzlich schoß mir wie ein Blitz aus heiterem Himmel ein Gedanke durch den Kopf. Erschrocken riß ich die Augen auf und starrte Julka an.

„Was ist los?“ fragte sie erstaunt.

Ich schöpfte tief Atem und stöhnte: „O herrje! Die Kuh... Die Manja, wenn sie sich in ein Weizenfeld verirrt, sich überfrißt! Oje, oje...Julka, gib mir das Kleid zurück. Was kramst du noch herum? Schnell! Schneller!“

Ich zitterte vor Aufregung und Angst. Hals über Kopf stürmte ich die Treppe vom Dachboden hinunter. Ich rannte durch Julkas Garten den schmalen Pfad entlang, als ginge es um eine Wette, bis ich den Staketenzaun erreichte und mit einem kräftigen Satz durch die Staketen springen wollte. Und da blieb ich hängen und hörte nur noch, wie das Kleid zerriß. Nachdem ich mich losgemacht hatte, sah ich auf der Rückseite des Kleids ein großes Loch und daneben einen gewaltigen dreieckigen Stoffetzen herunterhängen. Ein Triangel!

Aber die Kuh, die Manja. Ich mußte weiter.

Der kürzeste Weg zur Weide war ein Trampelpfad zwischen Feldern und Wiesen. Ich trieb meine Barfüße an: schneller, schneller! Als ich die Weide erreichte, dämmerte es schon. Keine Manja zu sehen! Ich rannte von Platz zu Platz, von Feld zu Feld. Immer noch keine Manja! Ich betete: „Lieber Gott, wenn du mir irgendwie helfen kannst, hilf!“ Ich stolperte und plumpste mitten in einen Haufen frischen Unkrauts. Jetzt war das Kleid nicht nur zerrissen, sondern auch noch schmutzig. Ich heulte vor Wut, Verzweiflung und Selbstmitleid.

Dann fand ich Manja. Sie war in einem fremden Garten und kaute sorglos saftige Zuckerrübenblätter. Sie sah mich an, als wolle sie mich um Vergebung bitten. Aus einem Auge schienen sogar Tränen zu fließen. „Du dummes Tier! Du Herumtreiberin...“ Ich weinte vor Freude und erzählte Manja meinen Kummer. Dabei las ich ihr gleich die Leviten: “Du Nimmersatt! Warum zertrampelst du fremde Gärten? Schämst du dich überhaupt nicht? Raus aus dem Garten!“

Ich redete auf die Kuh ein und streichelte gleichzeitig ihr Hinterteil mit einer Rute. Doch stand eine wütende alte

Frau vor mir. Sie schimpfte aus vollem Hals und hatte obendrein eine Peitsche in der Hand, mit der sie außer sich vor Wut so auf Manja einschlug, daß die arme Kuh zu brüllen anfing. Ich heulte Rotz und Wasser, auch wenn ich in den Peitschenhieben eine Strafe für das „Vergehen“ der Kuh sah, eine Strafe, die mir ja noch bevorstand...

Nun gut, auch wenn ich keine Hiebe mit der Peitsche bekam, so empfing mich Mutter schon mit einem unheilschwangeren Blick. Beschämt erzählte ich ihr von meinem Abenteuer. Als sie den Riß in meinem Kleid sah, wurde sie wütend und verpaßte mir eine heftige Ohrfeige. Von weiteren Schlägen blieb ich verschont. Die eigentliche Strafe wurde mir ohnehin erst am nächsten Morgen verkündet: Ich mußte für den Rest der Schulferien Unkraut jäten.

So zog ich jeden Tag das Unkraut hastig aus dem Boden, als zöge ich den Ungehorsam mitsamt den Wurzeln heraus. Und auch meine Freundin Julka sah ich bis zum Schulbeginn nicht mehr. Die Lust, ein Wildfang zu sein, war mir erst mal vergangen - und das Lächeln auch.

Das Fläschchen

Eines Tages fand meine Mutter auf meinem Kopfkissen eine ekelhafte dicke Laus. Mutter hatte mich immer davor gewarnt, zur Familie Proskudini zu gehen. Regelrecht gekämpft hatte sie, um meine Freundschaft mit Julka zu unterbinden. Aber Julka war unter den russischen Mädchen meine beste Spielgefährtin. Ihre Familie war arm und unordentlich, und in Hof, Haus und Garten herrschte ein heilloses Durcheinander, überall fand man Schmutz. So ziemlich jeder im Ort wußte, daß das alte Haus von Ungeziefer wie Wanzen, Schaben und Kakerlaken wimmelte. Man munkelte auch, die Familie hätte Läuse. Nun wußten wir es also genau.

Meine Mutter schimpfte laut über die Biester, die ich da mitgebracht hatte, und sie verpaßte mir eine Ohrfeige. Sie drohte sogar, meine schönen langen Zöpfe abzuschneiden, wenn ich noch mal mit Julka spielen würde.

Aber ich jammerte. "Das wirst du mir doch nicht antun, Mutti! Julka ist immer so lustig, und sie beschützt mich, wo es geht!“ Ich weinte dicke Tränen. Die meiste Angst hatte ich jedoch davor, mit einem Kopftuch in die Schule gehen zu müssen. Alle hätten es sofort gewußt: "Nemka hat Läuse!" Der Spott und die Verachtung bei den russischen Kindern wären grenzenlos gewesen. Zu dem Schimpfwort „Nemka“ (*Deutschchen*) hätte ich noch die Schimpfnamen „lausiges Früchtchen“ oder „verlauste Kuh“ bekommen.

Mutter streute ein weißes Pulver in Tücher und wickelte meine Haare über Nacht damit ein. Das Pulver hieß „Dust“, es war ein ätzendes Desinfektionsmittel, das fürchterlich nach Teer stank. Mutter kochte viel Wasser, nahm ein großes Waschbecken und Kernseife und wusch mir sorgfältig die Haare. Das Wasser, das sie mir über den Kopf goß, war heiß. Ich jammerte und weinte, aber Mutter war unerbittlich und ließ sich durch mein Geschrei nicht davon abbringen, mich zu entlausen. Immerhin half sie mir anschließend, die Haare zu entwirren und behandelte sie, als sie trocken waren, noch mit dem Läusekamm. Tatsächlich wurde ich die Läuse rasch los. Nur der Gestank blieb.

Am nächsten Tag mußte ich in die Schule. Ich hatte einen Entschuldigungszettel dabei, den Mutter für meinen Klassenlehrer geschrieben hatte. Darin teilte sie mit, daß ich am Vortag wegen starker Bauchschmerzen zu Hause geblieben war. Aber ich hatte schreckliche Angst, daß die Wahrheit doch herauskommt, denn der Gestank vom Dust war fürchterlich. Ich wollte ihn um jeden Preis loswerden.

Da fiel mir Mutters Parfüm „Maiglöckchen" ein, das sie in der Lade unserer Truhe wie einen teuren Edelstein aufbewahrte. Das Parfüm kann mich retten, dachte ich. Und als Mutter morgens in den Stall ging, um die Kuh zu melken, machte ich die Truhe auf, nahm das Parfüm und versteckte es in der Schultasche. Aber ich hatte eine solche Angst, ertappt zu werden, daß ich beim Frühstück kaum etwas aß und trank. Ich hielt mir die Hände vor den Bauch und jammerte, ich hätte Bauchschmerzen. Mutter wurde mißtrauisch. "Sieht mir eher aus, als hättest du was ausgefressen!"

Ich war mucksmäuschenstill und schlich vom Tisch direkt zum „stillen Örtchen", das bei uns Kindern scherzhaft „Tante Meyer" hieß. Das „Häuschen" stand am Ende des Gartens. Dort angekommen, schloß ich die Tür mit dem Riegel ab und rieb mir mit den Fingern das Parfüm in die Haare ein. Das leere Fläschchen schmiß ich in das Kloloch. Dann schlich ich mich durch den Garten, bis ich auf der Straße war und ging schnell in die Schule.

Als ich die Klasse betrat, hatte ich das Gefühl, es drücke mir jemand eine große Faust in den Nacken. Es kostete mich große Überwindung, mich in meine Schulbank zu setzen. Zum Glück blieb sowohl der Geruch des Parfüms wie der des Teers unbemerkt. Lediglich, daß meine Banknachbarin meinte, von mir ginge so ein komischer Geruch aus.

Nach der Schule schlich ich heim. Als ich ankam, rief mich die Mutter gleich ins Zimmer und stellte mich zur Rede. „Jola, mein Töchterlein, du bist mir eine Erklärung schuldig, nicht wahr? Stehlen wie eine Elster, ist das nicht eine ekelhafte und abscheuliche Sünde?"

Ich wußte, daß sie meine hinterhältige Tat längst entdeckt hatte. Ich wurde vor Scham ganz rot und dachte, der Boden müsse sich unter mir öffnen, damit ich darin versinken könne. Also gestand ich die Wahrheit. Und obwohl ich keine Prügel bezog, bekam ich trotzdem eine Strafe. Ich mußte eine Stunde in der Ecke auf den Knien verbringen.

Eine unheimliche Begegnung

Als ich noch eine Schülerin war, wurde ich einmal von einem Hund gebissen. Die Wunde heilte schnell, aber sie ließ eine seelische Narbe zurück: Seit dieser Zeit mag ich keine Hunde mehr. Ich habe einfach Angst vor ihnen.

Es geschah im selben Jahr, in dem meine Eltern ein Haus gekauft hatten und ich die Schule wechseln mußte. Die Häuser bei uns lagen weit verstreut, und da unser Haus am Rande des Dorfes lag, mußte man einen weiten Weg zurücklegen, wenn man an eine andere Stelle des Dorfes wollte. Dies wäre nicht so schlimm gewesen, doch unser Dorf war dreckig, und - ich weiß nicht, ob es vom einen zum anderen einen Zusammenhang gab - es wimmelte bei uns von Hunden. Der Schrecken konnte einen packen, wenn man an manchen vorbeilief. Es waren böse, verlauste Köter, die zum Glück angekettet waren. Doch fast bellten und fletschen die Zähne, wenn man sich ihnen auch nur aus der Ferne näherte. Den Dorfbewohnern sollten die Hunde dazu dienen, die zahlreichen Diebe und Einbrecher von den Höfen und Wohnungen fernzuhalten. Jeder wollte das bißchen Hab und Gut, das er gerade noch besaß, verteidigen.

Meine neue Schule lag weit von unserem Dorf entfernt. Mein täglicher Schul- und Heimweg führte am klotzigen Betonzaun des Waggonwerks entlang und weiter an einem kleinen Teich vorbei. Der Teich war der Lieblingsort von uns Kindern. Während der Sommerferien badeten wir dort bei jeder Gelegenheit. Das Wasser war warm und kristallklar. Die Spiegelkarpfen, die mein jüngerer Bruder darin angelte, waren unsere Lieblingsspeise. Am hinteren Ufer des Teichs schlängelte sich ein Trampelpfad durch einen ansonsten nur schwer durchdringbaren Hain. Hinter dem Hain lag ein Ackerfeld, das direkt an die Eisenbahnlinie Irkutsk-Bisk grenzte. Gleich hinter dem Bahndamm lag dann unsere Schule, im Volksmund Eisenbahnschule genannt.

In regnerischen Wochen verwandelte sich die ungepflasterte Dorfstraße in einen trüben See, an dessen Rand man vorsichtig an Gartenzäunen und Sonnenblumenstengeln und Gebüschen entlang balancieren mußte.

Es war kurz nach unserem Umzug. Am Samstagabend unterhielten sich die Eltern bei Tisch wie üblich über die gute Kartoffelernte und die Anschaffung eines Ferkels noch in diesem Herbst. Ich war gerade damit beschäftigt, die Pflaumenkerne auf meinem Kompotteller zu zählen, als Vater plötzlich sagte: "Jola, auf dem Weg zur Schule mußt du künftig besonders aufpassen. Immer mehr Leute im Dorf schaffen sich Hunde an."

Zur Schule ging ich meistens mit meiner neuen Freundin Julka, die an der Dorfstraße wohnte. Wir verstanden uns wirklich gut, da sie älter als ich war, erfuhr ich manche Hilfe von ihr. Eines Tages jedoch wurde Julka krank, und ich mußte allein gehen. Es war ein kalter und regnerischer Herbsttag. Der Dauerregen verwandelte Hof und Straßen in glitschigen Morast.

Da zu viele Kinder in meine Schule gingen, war diese überfüllt, so daß wir vormittags und nachmittags Unterricht hatten. In jenem Herbst war unsere Klasse fast immer nachmittags dran. Es war zehn vor zwei, ziemlich spät, als ich aus dem Hause ging. Ich sah noch meine Mutter am Fenster stehen und winkte ihr zu. Vor mir lag die Dorfstraße als ein mehrfach gekrümmtes schlammiges Band.

Nachdem ich etwa ein Drittel des Schulwegs zurückgelegt hatte, bemerkte ich, daß ich einen Begleiter hatte. Ein Hund trottete mit heraushängender Zunge hinter mir her. Er war schwarz und sah schrecklich aus, ungepflegt und wild, ein streunendes Tier, dem der Hunger aus den gierigen Augen schaute. Vom offenen Rachen tropfte Speichel. Mein Herz klopfte bis zum Hals, als ich die streunende Bestie sah.

"Du Scheißhundchen", sagte ich leise, "du Dreckshündchen." Aber der Hund ließ sich nicht einschüchtern. Also rief ich so laut ich konnte: "Wauwauwau." Ich hoffte, mich würde jemand hören.

Doch ich blieb ganz allein. Nur der Wind pfiff sein mitleidloses Lied, und die Himmelsdusche rann auf mich herunter. Ich ging schneller und rannte schließlich, denn der furchtbare Hund konnte mich jeden Augenblick anspringen. Immer schneller ging mein Atem, furchtbare Angst überkam mich und drückte mir die Kehle zu. Wie der Wind sauste ich durch den Hain. Die stacheligen Äste von wildem Weißdorn, von Hagebutten und anderem Gebüschen taten mir weh, meine Hände und das Gesicht bluteten. Ich rannte und rannte wie eine Wahnsinnige. Wirre Gedanken huschten mir durch den Kopf.

Und plötzlich drehte ich mich um. Oh, Wunder! "Wo ist bloß der Hund geblieben? Gott sei Dank, daß ich den Streuner los bin!" sagte ich erleichtert. Ich blieb für einen Moment stehen, um mich von dem Schreck zu erholen. Aber meine Freude war verfrüht. Wie ein Blitz aus heiterem Himmel kam der Hund aus dem Gebüsch gestürzt und schnitt mir den Weg ab. Ich blieb wie angenagelt stehen, sah der Bestie in die Augen und schrie ihn aus vollem Halse an: "Kusch dich, Halunka!" Aber den Hund interessierten meine Befehle nicht. Er kam immer näher.

"Himmel Herrgott!" rief ich und weinte zum Steinerweichen. Der Hund kam noch näher, er knurrte böse, bellte laut, und ich sah, wie sich seine Augen mit Blut füllten. Und auf einmal war er über mir. Ein Moment und ich stürzte. Das Letzte, was ich spürte, war die nasse, glitschige Erde und warmes, bitteres Blut auf meinen Lippen. Dann verlor ich das Bewußtsein.

Als ich wieder zu mir kam, sah ich eine über mein Gesicht gebückte alte, kleine Frau mit freundlichen blauen Augen, die immer ein und dieselben Worte wiederholte: "Es wird schon alles gut werden, mein Kind." In der Hand hielt sie einen Holzstock, groß und dick. Ich lag auf dem Boden, naß bis auf die Haut, meine Kleidung total verschmutzt, von den Hosenstrümpfen hingen Fetzen, eine schlammige schwarze Masse um mich herum. Eine Wunde am linken Bein blutete stark, die Schuhe waren voller

Morast, durchmischt mit Blut. Meine Retterin verband mir die schlimmste Wunde mit einem Taschentuch, das so grau war wie der Fußlappen. Die Bestie von Hund war nicht mehr zu sehen.

Schluchzend ging ich nach Hause. Neben mir schlurfte die alte Frau und erzählte mir von ihrem Leben. Ich zitterte am ganzen Körper. Sie umarmte mich, gab mir ein Stückchen Brot, trug meine Schultasche und wischte mir die Regentropfen und die Tränen aus dem Gesicht.

Glücklicherweise war meine Mutter zu Hause. Sie zerriß eines von Vaters Unterhemden und verband meine Wunde. "Und jetzt zum Arzt, mein Kind", sagte sie, "die Geschichte erzählst du mir später".

Als Andenken an meine unheimliche Begegnung sind in meinem Gedächtnis die dreißig schmerzhaften Spritzen gegen Tollwut geblieben und die Angst, die immer hochkommt, wenn ich einen Hund erblicke. Seit dieser Zeit mache ich einen großen Bogen um alle Hunde, auch wenn sie friedlich neben ihrem Herrn gehen, angeleint sind oder sogar einen Beißkorb tragen.

Hymnus

In der Schule finde ich Literatur und Deutsch interessant. Botanik und Erkunde lerne ich auch gern. Alles übrige ist mir gleichgültig. Das heißt, Russische Literatur finde ich ebenfalls hervorragend. Meine Lieblingsdichter sind Tolstoj, Puschkin, Lermontow und Tschechow. Ich habe viel von Kuprin, Turgenew, Dostojewski, Leskow gelesen und sogar Auszüge aus deren Büchern in mein Tagebuch übernommen. Für die zeitgenössische Sowjet-Literatur mit ihren Kämpfern, Helden und Kommandeuren aus dem *Großen Vaterländischen Krieg* habe ich jedoch genausowenig übrig wie für Bücher über die Oktoberrevolution. Ich mag es nicht, wie man Lenin und die ganzen Funktionäre verherrlicht und wie man die Kolchosniki und Stachanowzi mit ihren Anbauerfolgen und den Fördererergebnissen in Kohlengruben und der Industrie feiert. Das Leben, das ich inzwischen kenne, ist ganz anders, als es in diesen Büchern geschildert wird.

Ich weiß, daß ich als Deutsche keine Chance habe, in der Schule zu den Besten zu gehören. Dafür bin ich in den Fächern Russische Sprache und Russische Literatur zu schwach: In beiden Fächern habe ich Dreien! Der Rest sind Vieren, also bessere Noten, denn in der Sowjetunion gilt die Fünf als beste Schulnote und die Eins als schlechteste Zensur. Von meinen Eltern habe ich bezüglich der Russischen Sprache keine Unterstützung zu erwarten. Zu Hause herrscht ein Sprachengewirr, eine Gemisch aus Deutsch und Russisch. Ich muß lachen, wenn ich an Mutters Redeweise denke. Sie sagt: "Nimm den *Topor* (das Beil) und hacke den *Konez* (das Ende) ab". Und so stehe ich allein da und weiß nicht, wie ich mich verbessern könnte.

Unser Russisch-Lehrer unterrichtet auch Deutsch. Das ist in der Sowjetunion eine Fremdsprache. Russisch hat in diesem Land auch für hier lebenden Deutschen als Muttersprache zu gelten. Ein Beschluß der Regierung, vielleicht sogar ein Gesetz - wie kann das jemand wie ich wissen? Zu meinem Leidwesen findet der Unterricht in Deutsch nur einmal in zwei Wochen statt. Und auch nur für eine Stunde. Ich freue mich darauf ganz besonders, aber ich bin jedesmal enttäuscht, denn der unterrichtende Lehrer beherrscht die deutsche Sprache nicht besonders gut, und er scheint sogar etwas gegen sie zu haben. Er sagt: „Deutsch ist die Sprache der Faschisten, eine Rabensprache." Dabei sieht er mich an, und ich fühle mich vor der gesamten Klasse gedemütigt. Widerspruch ist sinnlos, obwohl ich sicher bin, daß jede Sprache ihr Schönes hat. Ob die Menschen russisch, deutsch oder französisch sprechen, macht mir nichts aus. Hauptsache, sie verstehen sich gut miteinander. Ich glaube, daß unserer Lehrer anderer Meinung ist. Und man stelle sich vor: Er gibt mir nur eine Drei in Deutsch, in meiner eigentlichen Muttersprache. Wo er doch merken muß, daß ich dieses Fach viel besser beherrsche als die russischen Kinder.

Wir nehmen Heine und Goethe durch. Ich wundere mich, daß die ansonsten so deutschfeindliche Sowjetregierung diese Dichter zugelassen hat. Vielleicht, weil sie im 18. und 19. Jahrhundert gelebt haben und als Klassiker nicht auszusparen sind? Ich liebe die Gedichte von Heine und Goethe mindestens so wie die von Alexander Puschkin. Der Lehrer erzählt etwas aus dem Leben von Goethe. Dann zitiert er aus einem Buch:" Ich bin das Schwert, ich bin die Flamme." Dann schaut er in die Klasse und fragt: "Wer hat das geschrieben? Wer es weiß, bekommt die Bestnote Fünf."

Meine Mitschüler schweigen angespannt. Sie wissen die Antwort nicht. Ich weiß sie zwar, aber ich will in der Klasse nicht auffallen, deshalb schweige ich ebenfalls. Sollen doch die Lieblinge des Lehrers antworten! Außerdem paßt zwischen die vielen Dreien und Vieren, mit denen ich für gewöhnlich benotet werde, keine großartige Fünf.

Doch dann spüre ich, wie ich plötzlich die Hand hebe. Eigentlich ohne daß ich es wollte...

"Nanu?" fragt der Lehrer. "Weißt du die Antwort etwa?" Er betrachtet mich skeptisch.

Ich kann nun nicht mehr zurück und beeile mich mit dem Antworten. „Diese Worte stammen von dem deutschen Dichter Heinrich Heine, er hat sie 1829 in seinem 'Hymnus' geschrieben."

Der Lehrer schüttelt den Kopf, er wirkt kein bißchen zufrieden. Warum hat keiner von seinen Lieblingsschülern die Antwort geben können? Zum Beispiel Iwanow, der sich sonst immer hervortut? Er versucht nicht einmal, seine Enttäuschung zu verbergen. Und es sieht so aus, als würde er mir die versprochene Zensur nicht geben. Vielleicht fällt ihm gleich eine passende Begründung ein. "Bitte sage mir, warum du nicht sofort die Hand gehoben hast".

Ich bringe keine Wort heraus und bin den Tränen nahe. Was könnte ich erwidern?

Der Lehrer jedoch bohrt weiter: "Vielleicht, weil du zu Hause die Bücher von Heine im Original gelesen hast? Zusammen mit deinen Eltern?" In seiner Stimme schwingen gleichzeitig Häme, Neugier und die Lüsternheit auf eine Antwort, mit der ich mir und meinen Eltern schaden könnte.

Ich sitze reglos und schweige weiterhin, mein Blick geht ins Leere. Der Lehrer starrt mich vorwurfsvoll an. Erst nach mehreren Sekunden beugt er sich über das Klassenbuch und trägt widerwillig die versporchene Fünf ein. Und mir kommt es vor, als würde sich seine Hand bis zum letzten Strich gegen die gute Note wehren.

Die Schlittschuhe

Wir haben Winterferien. Und kalt ist es zum Steinzerspringen. Vierzig Grad unter Null, kein Lüftchen regt sich draußen. Die Dorfstraße hat sich wie jedes Jahr um diese Zeit in ein buckliges Schneegebirge verwandelt. Wenn ich mit Nadezhda Vasilek auf die Eisbahn gehen will, sind meine Augenbrauen nach ein paar Schritten bereift, die Nasenlöcher rauchen und die rauhe Kälte nimmt mir schier den Atem.

Mama hat mir streng verboten, auf die Eisbahn zu gehen, weil ich mich so schnell erkälte. Ich habe zu empfindliche Bronchien. Zwei Lungenentzündungen liegen bereits hinter mir. Und beide Male schwebte ich zwischen Leben und Tod.

Heute ist Mama jedoch nicht zu Hause. Sie ist mit dem Vater auf den Basar in das nächste Dorf gefahren. Von meinem Ausflug auf die Eisbahn wird sie also nichts erfahren. Damit Heinzi den Eltern nichts erzählt, habe ich ihm zwei leckere Pralinen versprochen, die ich von Walter zum Neujahrsfest geschenkt bekommen habe.

Auf die Eisbahn, die bei uns "Genne" genannt wird, gehe ich vor allem, weil dort auch Friedli ist. Seit einiger Zeit tuscheln die Mädchen unserer Klasse in der Pause miteinander. Liebeskummer. Ich bin auch verliebt, in Friedli. Das ist aber mein Geheimnis, ich tuschele mit niemandem darüber. Friedli ist ein Junge, der eigentlich Fred Friedelmann heißt. Er ist zwei Jahre älter als ich und lernt in der 7A.

Außerdem gehe ich auf die Eisbahn, weil ich es Nadenka versprochen habe. Sie ist meine neue Freundin. Nadenka ist die Koseform von Nadezhda. Ein schöner Vorname, er bedeutet Hoffnung. Vasilek bedeutet Kornblume und paßt so richtig schön zu ihr. Sie hat Vergißmeinnicht-Augen, ein schmales Gesicht, das so zart ist, daß die blauen Augen fast dunkel darin aussehen. Auch sonst ist sie zierlich. Wir machen jetzt alles gemeinsam. Ihre Mutter und mein Vater arbeiten in einem Büro der Waggonfabrik. Sie sind beide

Buchhalter. Und wir lernen in einer Klasse, in der 5B. Banknachbarinnen sind wir aber nicht. Nadja sitzt in der mittleren Reihe auf der vordersten Schulbank, direkt vor dem Lehrer-Schreibtisch und neben einem Junge. Ich hingegen sitze auf der letzten Bank in der rechten Reihe. Aber aus meiner Ecke kann ich ihre dicken blanken Zöpfe mit den blauen Bändern gut sehen.

Ein Eislaufkleid und einen Pullover so wie Nadezhda besitze ich nicht. Ich habe schwarze Gamaschenhosen an und eine Jacke, die oben am Hals, an den Ärmeln und am Saum mit weißem Kaninchenpelz besetzt ist. Die Jacke hat mir Mama aus einem alten Wollkleid genäht.

Nadezhda hat ihren schwarzen Faltenrock an und einen weißen Achornpullover mit Pelzmütze und rotem Schal. Unter dem Pullover trägt sie zusätzlich eine flaumweiche Wolljacke. Das hält schön warm. Ich weiß es, weil mir Nadezhda ihre Kleidung einmal gegeben hat. Dagegen bin ich leicht angezogen und muß ziemlich zittern, wenn der Wind den Schnee über das Feld treibt, auf dem die Eisbahn angelegt ist. Aber ich denke an Friedli, und da wird mir schon warm.

Fünf Kopeken kostet der Eintritt und zwanzig Kopek müssen diejenigen zahlen, die keine eigenen Schlittschuhe haben. So wie ich. Ich habe noch nicht mal welche aus grobem Leder. Mama hat sie mir aber zum Geburtstag versprochen. Doch es ist nicht so leicht, Schlittschuhe zu kaufen. Es gibt sie eigentlich nur unter dem Ladentisch. Man braucht *Beziehungen*, und die haben wir nicht.

Dagegen hat Nadenka weiße Kunstlaufschlittschuhe aus feinem Leder, so wie sie die richtigen Eiskunstläuferinnen tragen. Ihre Mutter hat sie im großen Warenhaus in Moskau gekauft. Ein bißchen bin ich auf Nadenka neidisch.

An der Kasse steht eine Schlange von Mädchen und Jungen. Ich wechsle meinen Rubel, auch ein Neujahrsgeschenk von meinem Bruder Walter. Als ich an der Reihe bin und nach meiner Schuhgröße gefragt werde, sagt Tante Schura: „Jola, die Schuhgröße fünfunddreißig ist schon verliehen.

Es ist nur noch Größe vierzig da." Tante Schura wohnt in unserer Straße, hat ein scharfes Mundwerk und ist im Dorf bekannt wie ein bunter Hund. Sie ist schon ziemlich alt und hat ein rotes Trinkergesicht. Sie sagt, das käme von der Kälte. Mir bleibt nichts übrig, als die altmodischen, schwarzen Schlittschuhe Größe vierzig aus grobem Leder zu nehmen. Nadenka gibt mir noch eine Paar dicke Socken, die aus grober Wolle gestrickt sind, damit die Schuhe fester sitzen. Ich habe die Schlittschuhe mit der Kurbel angeschraubt. Jetzt stolpern wir über den hölzernen Steg, und schon sind wir auf dem Eis.

Das Eis ist heute besonders klar. Es wimmelt von Kindern und Jugendlichen. Einige laufen schon sehr geschickt. Wir drehen erst eine Runde, um uns zu erwärmen und in Schwung zu kommen. Und vor allem möchte ich wissen, ob Friedli auf der Eisbahn oder der Schlitterbahn ist. Dann laufe ich meine Lieblingsfiguren, eine Acht und einen Mond, aber für die schöne Libelle-Figur oder den Kreisel muß ich noch üben. Ich möchte, daß mich Friedli sieht, wenn ich eine besonders gelungene Acht oder einen Mond laufe.

Die Eisbahn ist von der Schlitterbahn durch einen breiten Schneestreifen getrennt. Die Schlitterbahn, fünf Meter breit und unendlich lang, von lilaweißem Schnee gerahmt, ist glänzend glatt und das Eis dehnt sich wie ein länglicher Smaragd. Die Jungs spielen hier Eiskegeln oder Schlittschuhsegeln. Eiskegeln ist ein Spiel für Männer und Burschen. Für Mädchen ist es nichts. Die Eisstöcke, eisenbeschlagene Holzklötze, sind unheimlich schwer. Man muß sie so über die Eisbahn schieben, so daß sie möglichst dicht am Zielpunkt, einem Holzwürfel, zum Stehen kommen. Ich weiß, daß Friedli sehr gern auf der Schlitterbahn kegelt oder segelt.

Nadja schlägt vor, zur Schlitterbahn zu laufen, um zu schauen, wo Friedli mit seiner Clique spielt. Bei diesen Worten bekommt mein Herz einen Stich. Ist Nadenka auch in Friedli verliebt?

Auf der Schlitterbahn ist Friedli weit und breit nicht zu sehen. Wir kehren zur Eisbahn zurück und drehen noch eine Runde. Doch da, am Rande des Eisfeldes spielt Friedli mit seiner Clique Hockey. Einige Jungens treiben mit Ästen oder selbstgebastelten Schlägern einen runden schwarzen Stein übers Eis, nur Friedli hat einen richtigen Hockeyschläger. Er ist ein hochgewachsener Bursche mit schwarzen Locken. Er ist der Schwarm vieler Mädchen, zugleich aber ein guter Schüler. Wegen seiner ausgezeichneten Noten und seiner gesellschaftlichen Aktivitäten hängt sein Porträt seit Jahren an der Ehrentafel unserer Schule.

Als wir nahe bei den Jungen stehen bleiben und das Hockeyspiel beobachten, vertraut mir Nadenka ihr Geheimnis an: Sie ist in Friedli verliebt. Ihr Geheimnis nimmt mir den Atem, aber dann sage ich plötzlich, daß ich Friedli auch sehr schön finde.

Es scheint, daß Friedli Nadenka bemerkt hat, denn er winkt ihr mit der Hand zu. Und bald flitzt er mit knirschenden Kufen an mir vorbei, und bleibt neben Nadenka wie angewurzelt stehen. Seine Augen stahlen, und seine Wangen sind rot wie blühender Mohn. Zu mir aber blickt Friedli herüber wie auf ein zugefrorenes Fenster und blinzelt, als ob ihm ein Staubkörnchen ins Auge geraten wäre. Und Nadenka lächelt und ist ganz glücklich. Aber mich sieht sie wie ein lästiges Insekt an. Es heißt, ich soll auf Nimmerwiedersehn verschwinden. Mit leiser, gequälter Stimme sage ich zu Nadja: "Du bist aber keine gute Freundin!“ und renne davon. Friedli legt ihr die Hände auf die Schultern, und sie laufen die *Kanone*. Ich bin traurig und laufe auf meinen Schlittschuhen, die hin und her wackeln, so schnell ich kann zur Mitte der Eisbahn, wo viele Jugendliche im Kreise laufen. Die Musik spielt einen Walzer, aber ich „höre mit den Augen“ und „sehe mit den Ohren“. Über meine Wangen laufen dicke Tränen, die nach Wermut und Salz schmecken. Jetzt ist alles verloren.

Dann habe ich keine Lust mehr zum Schlittschuhlaufen. Mir ist kalt. Ich beschließe, künftig nicht mehr mit Nadja auf die Eisbahn zu gehen. Ich schnalle die Schlittschuhe ab, gebe sie die Tante Schura zurück. Trotz der bitteren Kälte gehe ich langsam nach Hause. Nur der Schnee knirscht unter meinen schwarzen Filzstiefeln. Ich komme mir wie ein geschlagener Hund vor.

Zu Hause erwartet mich die nächste unangenehme Überraschung: Meine Eltern sind schon vom Basar zurück. Und Heinzi, der gemeine Kerl, hat ihnen von meinem unerlaubten Ausflug erzählt. Ich würde ihm am liebsten eine herunterhauen. Aus seiner Ecke streckt er mir auch noch die Zunge heraus. Aber ich kann nur kurz zu ihm schauen, denn Mama schimpft mich gleich mal aus, und sie verpaßt mir eine kräftige Ohrfeige. Vater schüttelt den Kopf und macht ein trauriges Gesicht, aber er ohrfeigt mich nicht. Er sagt: „Jola, ich schäme mich für dich, so viel Ungehorsam hätte ich von dir nicht erwartet“. Ich stehe reglos und verlassen da wie eine einsame Pappel. Ich sage kein Wort. Es ist so anstrengend, immer die zu sein, die man ist. Ich komme mir richtig verlassen vor. Und Friedli ist sowieso für mich gestorben. Auf ewig.

Ich gehe zu Bett und kann nicht einschlafe. Ich weine stillschweigend und putze mir die Tränen in der Decke ab. Erst beim Morgengrauen falle ich in tiefen Schlummer.

Die Wintersonne strömt in die Stube, als ich am Morgen erwache, und sofort überkommt mich eine tiefe Traurigkeit. Auf einem Stuhl, der nahe am Bett steht, glitzern mit seiner Schönheit funkelnagelneue weiße Kunstlaufschuhe. Aber ich habe daran keine besondere Freude mehr.

Sauerampfer auch *Roter Heinrich* genannt

Eine kleine postwolgadeutsche Kräuterkunde
Gewidmet neiner Mutter HERMINE WALGER

"Am Sonntag gibt es Sauerampfersuppe mit Eiern und Schmant", kündigte meine Mutter vielsagend an. Das bedeutete für mich, daß ich den „Säuerling“, wie wir den Sauerampfer bei uns im Dorf auch nannten, pflücken mußte.

Der bekömmliche Sauerampfer wuchs auf einer feuchten Wiese, nicht weit vom Dorf entfernt. Die Stelle hieß *Neunter Kilometer* und bezeichnete die Entfernung zu unserem Dorf. Meine Mutter meinte, daß neun Kilometer für so ein junges und flinkes Mädchen, wie ich es war, nur ein Katzensprung seien.

Der kürzeste Weg zur Ampfer-Wiese führte durch einen Mischwald, in dem man sich, wenn man vom Pfad abwich, leicht verirren konnte. Aber ich verspreche aufzupassen und gebe mein Einverständnis mit einem Kopfnicken .

Mama sagt, daß ich ihre „grüne Hoffnung“ sei. Weil ich weder eine erwachsene Schwester noch ein kleines Schwesterchen habe. Nur Brüder. Der jüngste ist noch ein Fratz. Der älteste ist schon verheiratet und wohnt nicht mehr bei uns. Ich wünsche mir, daß ich auch so groß und schön wie Walter werde. Im Augenblick bin ich aber noch ein „weibliches Kind“, weder erwachsen noch erfahren.

Bei dem Gedanken an die grüne Sauerampfersuppe läuft mir jetzt schon das Wasser im Mund zusammen. Allein von dem köstlichen Duft kann es einem schwindlig werden. Mutter verwendet nur die besonders zarten Sauerampferblätter für diese Suppe. „Die jungen, sattgrünen Blätter, langgestielt und vorn stumpf haben einen milden, säuerlichen Beigeschmack“, sagt sie, „und die zitronenähnliche Schärfe ist eine ideale Zugabe für kräftigere Speisen mit fettem Fleisch oder Fisch.“ Mama ist eine Kochkünstlerin! Lachs oder Forelle gibt es bei uns leider schon lange nicht mehr, dafür aber manchmal eine Suppe aus selbstgemachten Nudeln und einem Suppenhuhn. Schließlich züchten wir Hühner!

Schlachten muß sie der Vater, denn Mutter kann's nicht mit ansehen und -hören, wie so ein armes Huhn schreit und wild mit den Flügeln herumzappelt. Dafür rupft sie die tote Henne um so emsiger und bereitet sie zum Kochen vor. Dann legt sie das Huhn in einen hohen Topf, übergießt es mit kaltem Wasser, das sie zum Kochen bringt. Wenn das Wasser kocht, schöpft sie den Schaum vorsichtig ab, würzt die Brühe mit Pfefferkörnern, Nelken, Salz und Lorbeerblättern und stellt das Feuer auf Sparflamme. Um der Suppe einen besonders guten Geschmack zu geben, backt Mutter gleichzeitig eine runde Zwiebel mitsamt der Schale an. Die Sauerampferblätter wäscht sie dann im kalten Wasser und entfernt die Stiele. Wenn das Hühnerfleisch und die Kartoffeln gar sind, rührt sie die zerpflückten Blätter, Porree, Dill, grüne Zwiebelschlotten und Petersilie ein und läßt das ganze drei Minuten kochen - solange, bis der Sauerampfer *zusammenfällt.* Die heiße Suppe garniert sie reichlich mit zerkleinerten gekochten Eiern und Schmant. Hm, wie das duftet! Durch's ganze Haus. Mutter hat für den Sauerampfer auch einen volkstümlichen Namen: „*Roter Heinrich*!" Der paßt richtig zu den säuerlichen, rötlichen Stielen und den rötlich gebüschelten Blüten der Pflanze. Der Purpur des Sauerampfers sei ein Zeichen der Natur, daß die Hoch-Zeit der Sommersonnenwende wieder da ist. Das behauptet jedenfalls meine weise Mama, die eine große Naturbeobachterin ist.

„*Roter Heinrich*, kleiner süßer Knabe, rotwangig, rothaarig, mit einem zerzausten Wuschelkopf. Ein echter Reizkerl!" Und der Name klingt so deutsch... „Die Pflanze hat auch eine blutreinigende Wirkung", so sagten bei uns an der Wolga die alten Leute, und derjenige, der die Blätter vom Roten Heinrich am Wegrand vertilgt, fühlt sich das ganze Jahr wohl und gesund." Mutter nimmt auch zum Trocknen nur junge, grüne Blätter. „Die älteren, großen, dunkel- und lorbeergrünen Blätter sind holzig und haben einen bitteren Nachgeschmack“, weiß sie und kocht uns auch im Winter aus den getrockneten Blättern einen Reinigungstee. Damit wir Kinder gesund bleiben.

Überhaupt: trockene Blätter... Da muß ich an unseren Dachboden denken, Mutters Bronn, eine Vorrats- und gleichzeitig Schatzkammer, ein wahres Heilkräuterparadies aus der Apotheke der Natur, in der sich auch Zwiebeln, Knoblauch und Pilze finden. Da sind Kräuter wie Salbei, Wachtelweizen, Waldmeister, Wermut, Johannis- oder Warzenkraut und eben der *Rote Heinrich* zu großen Bündeln geknotet. Getrocknete gelbe Lindenblüten, Blätter von Himbeer- und Brombeersträuchern, Früchte des Walddorns und des Faulbaums in weißen Päckchen, oben gebunden, und vieles mehr hing da reihenweise auf dem Querbalken. In einer Ecke, wie zur Schau gestellt, sah man dicke, weiße Knoblauchknollen und runde gelbe Zwiebeln zu Zöpfen geflochten.

Aus Mutters Mund klang das Wort Zwiebel ein bißchen anders. „Zwiewel“, sagt sie und zieht das Wort hörbar durch die Zähne. Wenn ich die Zwiebelnzöpfe sehe, fällt mir die Geschichte von Senior Pomidor und Zwiebel-Cipollino („Tschipollino“) ein, einem heute weltbekanntem italienischen Liebesmärchen, das ich mir seinerzeit aus der Bibliothek ausgeliehen hatte. Tschipollino ist ein lustiger kleiner Streithammel. Er lebt in einer Welt voller Gemüse und Früchte. Beim Wandern durch das merkwürdige Land kämpft er gegen den boshaften Senior Pomidor und dessen ausländische Spione. Er ist dabei sehr tapfer. Mir fällt ein, wie tapfer Mutter ist - beim Zwiebelschneiden nämlich. Und sie kämpft auch - gegen die eigenen Tränen. Dabei schließt sie ihre Augen, denn die Zwiebeln beißen fürchterlich. „*Deiwel*“, sagt sie, „sind die *Zwieweln* aber stark und bissig." Die Tränen fließen nur so, aber bald schon sind sie weggetrocknet, und Mutters Gesicht lächelt so schön wie die ersten Sonnenstrahlen nach einem Gewitter. Und lustig ist sie wieder - wie Tschipollino...

In einer anderen Ecke des Dachbodens befinden sich Stein- und Kapuzinerpilze, auch Rotkappen und Gelblinge. Sie sind auf lange Schnüre gefädelt, von denen Mutter - eine wahre Bäckermeisterin - das Jahr über herrliche Piroggen bäckt. Mmh, Jahrzehnte später läuft mir noch das Wasser im Mund zusammen, wenn ich an ihre heißen Piroggen denke.

Auf den Dachboden gehe ich überhaupt gern. Der kräftige Duft, der sich dort regelrecht festgesetzt hat, läßt mich beinahe schwindlig werden. Unglaublich, wie er in der Nase kitzelt und meine Sinne betört. Im Frühling sind es Waldmeister, Salbei, Johanniskraut und Wachtelweizen, im Sommer der Wermut und im Herbst...Aber manches Mal, wenn ich dort verweile, höre ich plötzlich Mutters Stimme aus der Küche: „Jola, mein Mädchen, nimm die Beine unter die Arme und beeil dich. Vater hat den Hühnerkopf schon in der Hand. Sieh zu, daß du ein Büschel *Roter Heinrich* holst. Du weißt ja, vom *Neunten Kilometer*. Aber halte dich an den Weg. Immer schön an Rotkäppchen denken!"

So war es immer. Wenn es eilte, schickte sie nur mich. Nie meinen kleinen Bruder. Jola hin, Jola her. Dabei wollte ich doch viel lieber durch den Wald bummeln.

Als ich halb draußen bin, höre ich immer noch Mutters Belehrungen: „Jola, sei aufmerksam beim Pflücken! Verwechsle nicht den *Roten Heinrich* mit Roßampfer!" Ich weiß, daß die Blätter vom Roßampfer ganz anders aussehen als die vom *Roten Heinrich*. Die Roßampferblätter sind dick, groß, aschgrün, haben einen holzigen Stiel und schmecken bitter. Sie sind ungenießbar. Mir fällt ein, daß am *Neunten Kilometer* der Eilzug Irkutsk-Bijsk hält, einmal im Monat und nur ganz kurz. Warum das so ist, bleibt für mich ein Rätsel. Da steigt doch niemand ein, da sind doch weit und breit keine Menschen zu sehen.

Schade, daß ich niemandem richtig erklären kann, wie herrlich es ist, sich die große, weite Welt anzuschauen. Wenn Mutter von ihrer großen Reise erzählt, vergießt sie immer nur Tränen. Es war eine Reise im Krieg. Nach Sibirien. Ins ewige Exil, wie sie sagt, als verbannte Deutsche. Sie ist verbittert. Vater auch. Das Thema ist aber ansonsten tabu bei uns. Warum sind die Eltern dabei so verbittert? Warum erklären sie es mir nicht? In meinem kleinen Kopf herrscht beim Wort Exil Chaos. Ich verstehe es nicht, und deshalb verlängern sich meine Ohrlöffel, wenn sie es ganz leise aussprechen. Und wenn ich danach frage, höre ich immer dieselben Worte: „Das verstehst du doch nicht." Ich möchte es ja verstehen, aber wahrscheinlich will mir die herzensgute Mutter meine Märchenwelt nicht zerstören: Wenn ich erwachsen bin, werde ich es schon erfahren...

Das Wandern durch den Frühlingswald macht mir viel Spaß. Es ist „halber Mai". Es ist nicht schattig oder dunkel und auch nicht staubig wie im Sommer, wenn mir die vielen Spinnennetze Angst einjagen. Im Wald will ich mir eine Nase voller Frühlingsgerüche holen, um sie später, wenn der tote November und der kalte Winter kommen, wenn alles Lebende unter einer dicken weißen Decke schläft, wenn ich richtig traurig bin, wieder aus dem Gedächtnis hervorzukramen. Und im Sommer, wenn es richtig heiß ist, finde ich das Barfußlaufen schön. Aber meine Mutter findet es gefährlich und unordentlich. Sie hat ja recht. Man kann sich leicht verletzen. Sie würde schimpfen, wenn ich ihr von meinen barfüßigen Laufereien im Morgengrauen in Begleitung der Kuh Manja zum Weideplatz durch das vom silbernen Tau bedeckte Gras erzählte. Aber das bleibt mein Geheimnis! Denn wenn ein Kind ohne Schuhwerk erwischt wird, bekommt es einen spürbaren Klaps auf den Po, und die Mutter ist den ganzen Tag stinksauer. Wir Kinder sollen doch zum Gehorsam erzogen werden.

Den *Neunten Kilometer* erreiche ich ohne Mühe. Der *Rote Heinrich* wächst dort wie immer in Hülle und Fülle. Ich nehme also mein geflochtenes Körbchen und begebe mich in Richtung Waldpfad, der sich zwischen hohen Baumstämmen und Gräsern schlängelt. Die Sonne scheint wohltuend warm. Der Himmel ist kornblumenblau, nur ein paar milchweiße Wolken treiben wie hingetupft ihr schwerelos aussehendes Spiel. Sie schweben, rasen, sausen. Manche haben die Form eines Tieres. Da ein Schaf, dort ein Pferd, hier eine Kuh. Und schließlich kommt auch ein Elefant. Ich beobachte die Wolken mit ungetrübtem Frohsinn. Mein Herz jubelt vor Freude und Ausgelassenheit. Wie schön doch das Leben trotz mancher Entbehrung, trotz zahlreicher Schicksalsschläge sein kann. Und ich denke an meine Mutter. Oft, wenn sie strickt, näht oder "fummelt", singt sie leise, aber unbeschwert: „Heimat, wie bist du so schön“ oder „Schön ist die Jugend". Allerdings, sie hat dabei immer traurige Augen. Weil ihre Jugend schon längst vorbei ist? Oder weil sie für sich in den Tälern Sibiriens keine Heimat, sondern ein Reservat sieht? Auch wenn sie noch so schön sind.

Ich für meinen Teil bin traurig oder regelrecht wütend, wenn mir andere Kinder auf offener Straße „Fritz“ nachrufen. Ein gräßliches, ein ganz schlimmes Wort. Ich hadere dann mit dem lieben Gott. Warum hat er sich das bei der Erschaffung des Menschen nicht anderes überlegt? Die Jugend ist doch etwas Schönes, richtig toll ist sie. Nach meiner Meinung müßte sie ja ewig dauern. Ich finde sie so schön, daß ich, während ich durch den Wald laufe, das schöne Lied von der frohen Jugend singe.

Mein Körbchen, das aus Weidengerten geflochten ist, schwingt hin und her. Es raschelt durch das hohe Gras, durch Gebüsche und Blüten. Gelegentlich scheuche ich dabei dicke Hummeln, fleißige Bienen, dralle Bremsen und andere fliegende Insekten auf. Meistens kreisen sie laut summend um meinen Korb oder meine Beine. Na ja, sie fühlen sich eben gestört. Immerhin hat jedes dieser Tierchen etwas zu tun. Und wie lieblich es nach Walderdbeeren riecht, nach Maikraut und nach Baldrian, zu dem manche Menschen auch Mondwurzel sagen. Das ist ein schöner Name. Die rotfarbenen Blüten sehen so groß wie ein gerö-teter Mond aus, und der zarte Duft überfällt mich wie ein Schlag. Die Hexenzwiebel blüht. Sie blüht jetzt weiß. Auch sie trägt einen volkstümlichen Namen. Richtig heißt sie Bärlauch. Der Bärlauch riecht würzig, stark nach Knoblauch, und die knollenartigen Zwiebeln sind gesund. Bärlauch ist eine Zauberpflanze, die einem Menschen hilft, hundert Jahre alt zu werden. Jedenfalls sagt das meine Mutter. Und sie weiß, er schützt und hilft einfach gegen alle Beschwerden. Gegen Appetitlosigkeit, Zipperlein, Geschwüre, Zahnschmerzen, Asthma, Verdauungsbeschwerden, Grippe. Unglaublich, was diese Zauberpflanze alles kann! Ich finde es einfach toll, daß es sie gibt.

Meine Mutter ist sowieso immer um meine Gesundheit besorgt, weil ich so dünn bin und so blaß aussehe. Ich würde den Bärlauch pflücken und essen, wenn auch ungern, ohne Lust und Appetit. Nur weil mein Körper ihn dringend benötigt. „Vitamintherapie" hieß es schon damals. Ein schreckliches Wort! Und der Mundgeruch, der alle abschreckt. Meiner Mutter ist das schnuppe. Hauptsache, es hilft. Sie weiß eben nicht, daß die anderen Kinder nicht gern mit einem Mädchen spielen, das nach Knoblauch riecht. Doch auch dagegen hat sie ein erfolgreiches Gegenmittel: „Gegen Mundgeruch helfen Pfirsichblätter, als Aufguß, oder Lorbeerblätter." Sie lächelt, während sie das sagt. Aber da, wo wir jetzt wohnen, wachsen weder Pfirsich- noch Lorbeerblätter. Das Klima ist für solche zarten Bäume zu rauh.

Ich könnte einen großen Bund von der Hexenpflanze pflücken. Für den Salat mit Eiern und süßer Sahne. Der Salat schmeckt mir besser, wenn auch nur ein bißchen. Wir brauchen Erdbeerblätter für den Samowar. Der heiße Tee strömt einen ganz feinen und süßen Duft aus. Und dazu gibt Mutter jedem von uns ein Stückchen „weißes Wunder", Zucker. Das ist immer noch eine Rarität.

Mai im Altai! Ein zarter Duft steigt von der Erde auf und tränkt damit die Luft. Ich liebe dieses frische Maiengrün, wenn es über das Immergrün der Nadelwälder triumphiert. Die Sonnestrahlen tünchen es mit einer einmaligen Farbe, an dem sich das schwächere Grün der Tannen anfangs reibt. Die traurigen Föhren sind grau und alt, schweigsam und ernst wie Nonnen. Und die Tannenäste sehen dunkelmoorig aus.

Ich hüpfe im Zickzack: Die Schönheit des Waldes ist ganz einfach da. Man muß nur Augen dafür haben.

Das Grün der uralten Eichen ist noch ganz fiedrig, aber die dunkelgrünen, knorrigen Stämme glänzen schon wie Silber in der Sonne. Die Eiche, das ist der Baumvater des Waldes. Manche sehen wie Elefanten aus, monumental und unüberwindbar. Übermütige Riesen, die Gebüsch, Gräser, Kräuter und andere Pflanzen um sich dulden und sie beschützen. Die Eiche ist mächtig und stark. Um richtig grün zu werden, braucht sie Zeit und Sonnenschein. Sie reißt das Licht förmlich aus dem Himmel. Später riechen die Stämme nach Wärme und Sonne. Aber die hohen, schlanken Erlen, die mit ihren Stämmen zum Himmel ragen, und die dünnen Zitterpappeln haben sich schon in ein prächtiges Grün gekleidet.

Ich komme zum Birkenhain. Die Birke, auch Maibaum genannt, prahlt mit ihrem frischen Grün. Der Maibaum blüht, und seine Kätzchen hängen an den Zweigenden und zittern leise in der Luft. Ein Windhauch raschelt in den Zweigen, und ich meine den Duft des ersten Birkengrüns zu erschnuppern. Der junge Maibaum mit dem schmuckesten Stamm ist mir der liebste. Seine zarten silbernen Stengelchen kommen mir wie eine adrett geformte Jungfrau vor, zierlich und weiß wie der erste Schnee. Die alten Birken sind von riesigem Wuchs. Ihre Rinden sind schwarz und rauh, fast knorrig. Das glatte Weiß am oberen Teil des Stammes kann man kaum sehen. Das sind die Borken. Alte Menschen sagen, daß die Birken weinen. Es sind Tränen der Freude, genannt Birkensaft. Wenn man in die Rinde eine Kerbe schneidet, rollen die Tränen über das weiße Gesicht des Baumes und fließen in Strömen. Der Saft schmeckt süßlich und verbreitet den Duft von Frische. Neben dem Maibaum wächst eine wunderschöne Espe. Sie zittert und flüstert mit ihren silbernen Blättern in einem fort. Und etwas weiter ab steht eine dicke Schwarzpappel mit lichtgrünen Blättern und dunklem Stamm. Und noch weiter ist die Buche, der mütterliche Waldgeist, der keinen Unterwuchs wie die Eiche duldet. Sobald die Buche belaubt ist, ist der Boden beschattet. Meistens sind es die Weißbuchen mit glatter Rinde und doppeltgesägten Blättern. Im Mai sind diese Blätter noch halbwüchsig.

Der Vater des Altais aber ist die immergrüne Zeder. Das ist die sibirische Zierbelkiefer, riesengroß, mit dunkelbrauner, knorriger Rinde. Bis zum heutigen Tag sind sie noch nicht ganz aus dem Winterschlaf erwacht. Ich muß an die Zirbelkiefernußlese im Herbst denken. Wenn die schönen, dicken Zapfen reif sind, machen sich die Dorfbewohner scharenweise auf den Weg ins Kieferngehölz, ausgerüstet mit großen Säcken und runden Holzstöcken, die am Ende einen Hacke haben, um die Zapfen von hoch oben herunterzuholen. Mit den langen Stöcken werden die schuppigen Zapfen, aus denen die rotbraunen, kleinen Früchte unauffällig hervorgucken, heruntergeklopft. Das gibt ein Konzert von Schlägen und Zurufen -wie wenn zur gleichen Zeit tausend Spechte mit ihren forschen Schnäbeln gegen die Stämme pickten.

Später wird aus den kleinen Früchten ein wertvolles Öl für Medikamente gepreßt. Zur Hauptsache aber wird die Kernfrucht der Zirbelkiefer wie eine Nuß gegessen. Diese Nüsse, die in rotbraunen Schalen stecken, schmecken leicht süßlich und etwas ölig. Im Winter verkaufen die Bauersfrauen, die wie „Matrjoschki“ angezogen sind, die Zirbelkieferkerne frisch geröstet auf dem Markt. Sie tragen lange Schafpelze und große Schals. Es ist kalt, und manchmal binden sich die Frauen gleich mehrere Kopftücher um den Schal. Ihre Hände stecken in Fausthandschuhen aus Pelz und ihre Füße in Filzstiefeln. Sie schlagen die Hände ineinander und treten von einem Fuß auf den anderen. Manchmal tanzen sie sogar eine lustige Polka, zu der sie sich vorher im Kreis aufstellen. Das wärmt. Den Vorbeigehenden rufen sie laut zu: „Zierbelkieferkerne, liebe Leute! Geröstete Zedernüsse! Kaufen Sie die kleinen Nüßchen. Das sind keine einfachen Nüsse, sondern goldene, von Mütterchen Natur." Oder auch einfach: „Zedernüsse, liebe Leute, heute besonders billig!" Die gebrannten Kerne befinden sich auf einer Schütte Stroh in großen Leinwandsäcken, die oben offen sind, so daß ihre rotbraune Farbe von jedermann eingesehen werden kan.

In unserem Dorf gehörte das Knacken der Zierbelkieferkerne samt der unvermeidlichen Schalenspuckerei zum lustigen Zeitvertreib der Jugendlichen. Es wurde getanzt und gesungen und um die Wett geknackt. Da gab es das „Zöpfchenflechten". Ich fand es widerlich: Man muß ganz schnell die Kerne knacken, die Schalen aber nicht ausspukken, sondern in beiden Mundwinkeln solange hängen lassen, bis sich ein langes Schalenzöpfchen gebildet hat. Derjenige, der eine Schale voller Kerne zuerst knackt und die Schalenzöpfchen in seinen Mundwinkeln nicht zu Boden fallen läßt, wird unter großem Jubel zum Dorfknackmeister mit den besten Zähnen erklärt! Gute Zähne braucht man schon, denn die Zierbelkieferkerne sind unvergleichbar härter als Sonnenblumenkerne und auch nicht so trocken, sondern glitschig im Mund. Ich fand solche Späße, die noch mit etlichen unanständigen Sprüchen gewürzt wurden, wenig appetitlich. Zum Schluß werden die sabbrigen Schalenzöpfe noch im hohen Bogen ausgespuckt. Pfui! Wenn ich groß bin, will ich solche Treffen nicht besuchen.

Harmlos dagegen waren die „Kränzchen-Schwätzereien" der Dorfbewohner. Sie hatten ihre Freude daran bei ihrem Tratsch am Brunnen, beim Einkauf oder auch an Spinnabenden, wenn sie zusammen mit den Schalen auch ihr „seelisches Kraut" ausschütteten...

Oh, oh! Wie schnell doch die Zeit beim Träumen vergeht. Meine Füße haben es plötzlich eilig. Der blaue Himmel schwindet in ein grünes, glasiges Flimmern. In den Ohren klingt, singt und summt es. Ich muß mich beeilen. Unter der Buche sehe ich die hohen Stengel vom Waldmeister. Die weißen Trugdolden bilden kunstvolle Kränzchen.

„Waldmeisterkränzchen", sagt Mama, „für eine zierliche Brautkrone." Die schirmförmigen Blütenstände verströmen Honigdüfte, die ich besonders tief einatmen möchte. Ich nehme mein Taschentuch, putze mir meine Nase und ziehe dann den Duft in mich hinein. Beim Eichenhain hole ich mir eine Nase voll Maiglöckchenduft.

Die Sonne schaut durch die hohen Baumstämme auf den Waldboden. Unter den Eichen sehe ich einen grünleuchtenden Waldgrasteppich. Jetzt stehe ich inmitten von Maiglöckchen. Und eine Welle ihres berauschenden Dufts nimmt mir fast den Atem. Ich pflücke für meine Mama einen schönen Strauß. Es sind ihre Lieblingsblumen. Da wird sie sich freuen! Der Strauß steht dann tagelang auf dem Tisch. Ein Stück weiter stehen die Preiselbeerstauden. Ihre roten kleinen Blümchen, aus denen im tiefen Sommer die roten glatten Früchte entstehen, sehen wie ein grüner Teppich mit roten Tupfen. Preiselbeeren esse ich nicht so gerne, sie haben diesen herben, leicht säuerlichen Beigeschmack. Mit den Walderdbeeren sieht es da schon anders aus. Die kleinen roten Scheinfrüchte sind so natürlich süß, ganz genau wie der Bienenhonig, den ich natürlich auch sehr gern mag. Jetzt stehen die Walderdbeeren in ihrer vollen Blüte, und die Kleevögel summen um die Blüten herum. Im Juni kocht Mutter Konfitüre aus diesen Früchten. Vorher müssen wir Kinder auf allen Vieren kriechend die Beeren pflücken. Es ist unsere „heilige" Aufgabe, weil wir Schulferien haben. Beim Einkochen dürfen wir dann den Schaum kosten, den Mama mit einem hölzernen Löffel abschöpft. Phantastisch, allein der Duft wirkt betörend.

Ich schließe die Augen und stelle mir die Waldwiese voller tiefroter Beeren vor. Schade, daß die Zeit der Walderdbeeren noch nicht angebrochen ist. Immerhin kneife ich von einigen Pflanzen ein paar Blätter ab. Für den Tee aus dem alten Samowar zu Hause...

Doch schon werde ich vom das nächste "Naturereignis" abgelenkt: Ein Kukuck ruft. Mir fällt der alte Kinderspruch ein: „Kuckuck, wie viele Jahre werde ich noch leben?"

„Kuckuck, Kuckuck", er hört gar nicht auf zu rufen. Ich zähle so lange mit, bis ich müde bin.

Am *Neunten Kilometer* angekommen, scheint es mir, als hätten sich Himmel und Erde verändert. Da und dort schweben drohende Wolken, die Herren des Himmels. Jenseits des Waldes hängt eine besonders große Wolke tief und still, schwarz und unheilschwanger. Die Sonne leuchtet nicht mehr mit ihrem goldenen Glanz. Sie hat sich hinter den Wolken versteckt. Die Luft ist schwül und drohend. Die große Wolke wird plötzlich lebendig. Es blitzt. Der Donner grollt nervös und heftig und zerprasselt, als breche er dicke Bretter. Ich zittere wie ein Lamm vor der Schlachtbank. Ich renne zur Wiese mit hängender Zunge, bete unterwegs wie ein Pilger auf der Wallfahrt.

Als ich die Wiese erreicht habe, sehe ich das Grün des Sauerampfers. Die Büschel stehen prächtig da. Man braucht nur zu pflücken. Hastig reiße ich nicht nur die Blätter ab, sondern zerre ganze Stauden mitsamt den Wurzeln heraus. Ich werfe alles in das Körbchen hinein, und schon bilden der *Rote Heinrich* und die Walderdbeerblätter ein sichtliches Durcheinander.

Die ersten Regentropfen fallen auf den Boden. Noch einen Moment, und der Regen schüttet wie aus tausend Eimern. Frühlingsregen. „Schnell, schnell in den Wald", denke ich. Mich packt schreckliche Angst. Ich verstecke mich unter einem uralten Ahornbaum, flehe: „Du lieber mächtiger Baum, schütze mich. Lieber Gott, laß mich nicht sterben!" Es regnet noch heftiger. Ich bin durch und durch naß. Aber mein Körbchen halte ich fest. Glücklicherweise ist so ein Frühlingsregen zwar heftig, aber bald scheint wieder die Sonne.

Endlich komme ich nach Hause. Mama ist schon besorgt und nervös: „Um Gottes Willen, Jola, wo warst du so lange? Du bist ja durch und durch naß. Ich mach dir einen heißen Aufguß. Lindenblütentee. Da wirst du gleich gesund", und dabei reicht sie mir ein trockenes Kleidchen. Ich lächele ihr zu, sage kein einziges Wort, sondern übergebe ihr stillschweigend meinen Maiglöckchenstrauß. Später lassen wir uns gemeinsam unsere Himmelsmahlzeit schmecken: die Sauerampfersuppe.

Nachwort: Die Erlebnisse dieses Frühlingstages haben sich mit einem tiefen Glücksgefühl in mir festgesetzt. Jede Kleinigkeit ist in meiner Erinnerung lebendig geblieben, so daß ich sie selbst nach so vielen Jahren noch mühelos beschreiben konnte.

Der 5. März 1953

Ohne so einen mächtigen „Führer" geht das Sowjetimperium zugrunde.

Es ist Anfangs März 1953 und bitter kalt. Es weht ein nadelstechender Eiswind. Der Schnee liegt dick und dicht. Die Sonne strahlt, aber sie wärmt nicht. Eine traurige Nachricht zieht durch das unermeßlich große Land der „Roten Bären". „Unser lieber Führer und Lehrer, der große Vater und der allmächtige Gott, der für die Bevölkerung verschiedener Nationalitäten des Sowjetimperiums denkt und lenkt liegt im Sterben."

„Es ist ein Schlaganfall", sagen die allwissenden Leute, „und die 'Prawda'", das allseits bekannte Propagandablatt meint, daß es nichts Schlimmes ist. Nur eine Grippe. Trotzdem herrscht überall große Unruhe und auch schon tiefe Trauer.

In der Mitte des Dorfes, auf dem Kulturpalastplatz, hoch oben an einem Mast, ist der Lautsprecher des Rundfunksenders angebracht. Er funktioniert eigentlich nur an den revolutionären Feiertagen, wenn die Sowjetbürger in eine gehobene Stimmung gebracht werden müssen oder eine außerordentliche Nachricht für den „kleinen Mann" des Landes mitgeteilt werden soll. Und Stalins Krankheit ist eine solche äußerst wichtige Nachricht, die man mit der Ankündigung des zweites Weltkrieges, als das „faschistische Deutschland" brutal die Sowjetunion überfiel, vergleichen kann. Der Kulturpalastplatz ist ein Treffpunkt, der im Dorf „Sonnenschein" genannt wird. Hier finden die größten Ereignisse des Dorfes statt, etwa die feierlichen Aufnahmen in den Komsomol und die Pionierorganisation und die Dorfversammlungen, aber von hier gehen auch die Aufrufe zu den kommunistischen Subbotniki und Woßkreßniki aus. Auch die Parade zum Tag 1. Mai und zum Sieg der Großen Sozialistischen Oktoberrevolution werden hier abgenommen. Vor allem ist es der einzige Ort im Dorf, der sauber gehalten wird.

Den Namen „Sonnenschein“ finde ich wunderschön, er paßt zur strahlenden Zukunft des „Kommunismus“, den wir, die Arbeiterklasse und die fortschrittlichen Bauern mit Schweiß und Fleiß noch aufbauen müssen. Allerdings klingt das Wort „Kommune“ ein bißchen komisch. Es bedeut Großfamilie und jedes Mitglied hat eigentlich alles, aber in Wriklichkeit besitzt keiner etwas. Alle Menschen haben dasselbe Essen, dieselbe Kleidung, dieselbe Stimmung, denselben Reichtum. Ich weiß es aus dem Geschichtsunterricht. Doch ich kann mir so etwas beim besten Willen nicht vorstellen: Ein himmlisches Land, ein wahres Paradies, das Manna für alle Leute vom Himmel fällt, ganz umsonst. Ich zweifele. Nach so vielen Jahren schrecklichen Hungers und der Not... eine Großfamilie des Vaterlandes mit über fünfzig Nationalitäten, Sitten und Gebräuchen... alles gemeinsam haben....Ich weiß nicht, was ich glauben soll, aber ich denke, daß es nichts anderes ist als eine Utopie, ein Traum. Wo einen doch in Wirklichkeit die Armut mit ihren großen Bettelaugen aus allen Ecken anstarrt. Ich verstehe es einfach nicht. Und wenn ich meiner Mama davon etwas erzähle und noch dabei phantasiere, wird sie wütend und sagt zu mir: “Jola, rede doch kein dummes Zeug." Die strahlende Zukunft bedeutet für die Menschen im Lande etwas wie Sterne vom Himmel holen, ein hinreißender Traum, der fast unvorstellbar sein muß. Wir Menschen würden uns im „Kommunismus“ wie im siebenten Himmel fühlen. So verspricht es auch die Partei. „Liebe Schüler, denkt immer daran, daß unsere liebe Partei nur die pure Wahrheit erzählt“, wiederholt es unsere Klassenlehrerin bei jeder Gelegenheit. Sie ist eine treue Genossin.

Auf dem Kulturpalastplatz wimmelt es jetzt von Menschen. Aber er ist heute kein Platz der Freude, sondern er hat sich in einen Klageplatz verwandelt. "Eine Menschenmasse hat sich dort versammelt, liebe Leute. Der 'Sonnenschein' war knüppeldicke voll. Himmel und Menschen waren unterwegs", erzählt unsere Nachbarin, die im Dorf noch Klatschtante genannt wird. Dabei ringt sie die

Hände und bricht in Schluchzen aus, und ihr Klagegesang ist jämmerlich. Aber das Wimmern hilft ja nicht, Stalin gesund zu machen. Es macht nur nervös. Jede winzige Nachricht über Stalins gesundheitlichen Zustand wird mit anhaltendem Atem angehört und mit Schmerz aufgenommen. Die Gesichter der Menschen sind traurig, einige von ihnen weinen laut und bitter, als wenn der nächste Verwandte in der Familie gestorben wäre, die anderen haben sich schon satt geweint und wischen sich die Tränen ab, die dritten stehen mit abwesendem Blick und treten von einem Bein aufs andere. Die Kälte läßt aus den Nasen und Mündern weißen Dampf steigen. Die alten Frauen machen drei Kreuze nach orthodoxer Art. Dennoch sieht man gelegentlich Menschen, die heimlich grinsen, Häme und Genugtuung zeichnet ihre Gesichter. Andere Mienen sind unbewegt, undurchdringlich. Und doch gibt es einen Gedanken, eine Frage, die fast alle Anwesenden beschäftigt: Wer soll das Land nun weiter führen? Wie kann das Sowjetimperium ohne einen mächtigen Führer wie Stalin, der die Welt vom Hitlerfaschismus befreit hat, fortan bestehen?

Mein Weg zur Schule führt am „Sonnenschein" vorbei. Zur Schule gehe ich jetzt mit Schulfreundin Martha. Martha wohnt mit ihrer Mutter in einer Erdhütte, beide sind unvorstellbar arm. Marthas Vater war nach der totalen Säuberung der Partei von „fremden Elementen und Feinden" über Nacht vom Erdboden verschwunden und die Familie wurde nach Sibirien verbannt. Martha kennt ihren Vater nur von Fotos. Ob er noch lebt, weiß Martha bis heute nicht. Er hat als Rechnungsführer in der Kolchose „Strahlende Sonne" gearbeitet und war ein sehr bescheidener, stiller und ehrlicher Mann. Von irgendwelchen dunklen Geschäften der Parteigenossen wußte er nichts. Das hat Marthas Mutter erzählt. Warum, er so streng bestraft wurde, weiß sie nicht. Überhaupt die ganze Geschichte mit den Feinden, die sich in die Partei eingenistet haben und die Säuberung, die wir in der Schule lernen, ist verwirrend und schwer zu verstehen. Das Schlimmste aber dabei ist, daß man niemanden fragen darf, weil man in große Verlegenheit geraten kann. „Oh, oh, lieber den Mund halten und ganz still sein“, denke ich mir dabei. Fast alle unsere Verwandten sind auch auf diese Art und Weise verschwunden. Das war noch vor dem Krieg.

Ich schreibe meine Gedanken in einem roten Tagebuch nieder. Heimlich. Auf der Wiese, wenn ich die Kuh Manja weide, oder im Winter oben auf dem Ofen. Da stört mich niemand, und ich kann meinen Gedanken freien Lauf lassen. Das Tagebuch bewahre ich im Kuhstall auf, an einem dunklen Platz. Dort findet es auch Mama nicht. Sie weiß nichts von meinem großen Geheimnis, vom Tagebuch.

Aus dem großen Lautsprecher höre ich die laute, harte Rundfunksprechersstimme. Sie erscheint mir wie eine Brandungswelle, die kommt und wieder geht und nicht fortziehen will. Ein bißchen traurig bin ich ja auch, weil der Führer Josef Wissarionowitsch Stalin jetzt so leiden muß. Eigentlich ist sein richtiger Name Dshschugaschwilli. Stalins Biographie ist unglaublich bündig. Sie steht in allen Büchern. Er stammt aus einer verarmten Schusterfamilie, wuchs in einem verkümmerten Kaff in Georgien auf und ging in Bastschuhen nach Tbilissi, um dort einen Lehrgang zu machen. Kein Geld, keine Verwandten. Mutterseelenallein in die große Welt hineinmarschiert...Dann trat er in einen marxistischen Kreis ein, der sozialistische Ideen propagiert hat, und solche Kreise wurde von der Regierung verfolgt. Diejenigen, die von der Gendarmerie auf frischer Tat ertappt wurden oder auf einer schwarzen Liste standen, wurden sofort nach Sibirien verbannt und in Gefängnisse gesteckt. Weil sie zu den „Politischen“ gehörten, was etwas Ähnliches ist wie eine Seuche. Jetzt aber bedeutet politisch zu sein, an der Spitze stehen. Stalin war im Gefängnis, und er mußte auch sonst viel Schreckliches durchmachen. Alles für den Sieg der Revolution. Aber hat nie aufgegeben, so hart es auch mitunter für ihn war. Hart wie Stahl ist er geworden, und der Name Stalin wurde sein Pseudonym, er bedeutet, hart zu sein wie Stahl. Stalin ist das Vorbild für jeden Kommunisten, sein unerschütterlicher Wille, seine Unbeugsamkeit, vor allem jedoch seine Erbarmungslosigkeit gegenüber den Feinden des Volkes haben ihn zum Vorbild geprägt. Er ist kein Jammerlappen, und Mitleid jeder Art ist ihm fremd, er empfindet es nicht mal für seine nächsten Verwandten.

Unterwegs bitte ich den lieben, Gott ihn zu bestrafen. Ich weiß, daß mein Gebet grausam ist, doch das sind all die Verbrechen an den Menschen, von denen viele Bürger nichts ahnen. Auch ich vergesse für einen Moment die Angst, die die Menschen vor diesem Mann haben. Uns Deutsche, auch jetzt noch als „Faschisten" und "Fritzen“ beschimpft, schamlos enteignet, verbannt nach Sibirien und an andere trostlose Orte des riesigen Landes, hat er gedemütigt und drangsaliert. Nun soll er, bete ich, selbst leiden. Eigentlich hätten die Knochen der Deutschen längst im Archipilag Gulag, in Workuta oder Sachalin, verfault sein müssen. Aber so leben wir doch noch und vermehren uns weiter. In der Tiefe meines Herzens wünsche ich Stalin nun das Schlimmste. Vielleicht, wenn der Ditkator, endlich tot ist, werden wir Deutschen endlich vom demütigenden Gang zur Kommandantur, wo sich meine Eltern regelmäßig wie auf Bewährung entlassene Häftlinge melden müssen, befreit?

Natürlich habe auch ich eine traurige Maske aufgesetzt und zeige niemandem meine wahren Gefühle. Stillschweigend gehe ich an den Leuten vorbei, und als ich die Menschenschar hinter mir habe, lächele ich und singe ein deutsches Lied. Aus voller Brust.

Heute haben wir den 5. März. Meine Gebete und Wünsche sind beim lieben Gott im Himmel angekommen. Das Schlimmste ist passiert. Stalin ist gestorben. Die Sonne scheint freundlich, als wenn sie sich mit uns Deutschen freuen würde. In den Fabriken und Werken wird nicht gearbeitet. Volkstrauer ist angeordnet.

Als Martha die Todesnachricht erfährt, kommt sie zu mir und drückt mir fest die Hand. Wir verstehen uns ohne Worte. Im Innern habe ich ein Gefühl, das ich auch gar nicht beschreiben kann.

In der Schule gibt es keinen Unterricht. Statt dessen eine Wache. In der zweiten Etage des großen Schulsaales steht ein Stalin-Monument, zwei Meter hoch und zwei Meter breit. Ein schwarzes Trauerband umschlingt ihn. Lenins schnauzbärtiger Nachfolger schaut immer noch streng und befehlend. Die Augen sind schwarz wie die Kohle und unheimlich kalt. Die Ehre, die Trauerwache zu halten, haben nur diejenigen Pioniere und Komsomolzen, die ausgezeichnete Noten haben. Ich gehöre nicht dazu. Die Wachen stehen wie festgenagelt zu beiden Seiten des Monuments, sie sehen aus wie Wachsfiguren. Die Mädchen und Knaben haben schwarze Trauerkleider an. Die Pioniere tragen ihre roten Halstücher und die Komsomolzen kleine rote Banner mit dem Bild von Lenin und den Initialen „BLKCM", „Leninischer Kommunistischer Jugendverband der Sowjetunion". Ganz oben steht die Losung: "Proletarier aller Länder, vereinigt euch!" Wenn ich auf diese Szene schaue, denke ich daran, daß ich nun bald 14 Jahre alt bin. Ein Alter, in dem die Mädchen und Jungen in den Komsomol eintreten.

Nach ein paar Tagen ist die Trauer vorbei, und im Land ist der Alltag eingezogen. Der Patriotismus wird propagiert. Tausende junger Menschen werden zum Masseneintritt in die Pionier-Organisation, in den Komsomol und die Partei aufgerufen. Zu Ehren Stalins, zur Stärkung des Sozialismus. Zu Hause habe ich meiner Mutter mitgeteilt, daß auch ich aufgefordert worden bin, in den Komsomol einzutreten. „Mama, die Lehrerin hat gesagt, daß die Aufnahme für mich als eine Deutsche eine Ehre wäre."

Mama ist ärgerlich, und das verstehe ich. Ich habe sowieso kein Verlangen, in den Komsomol einzutreten. Jedenfalls nicht freiwillig. Da darf man sich keine schlechte Zensur erlauben! Die Komsomolversammlung entscheidet über eine Bestrafung für schlechte Schüler. Man steht vor den anderen Schülern wie ein Angeklagter, machtlos und erniedrigt. Widerspruch oder Entschuldigungen werden nicht akzeptiert. Die Strafen sind sehr hart, und die Teilnahme an den Versammlungen ist absolute Pflicht. Ansonsten sind die Versammlungen äußerst langweilig. Ich weiß es, weil ich schon einmal an so einer Versammlungen teilgenommen habe. Heimlich. Die Schulfreundin Julka hat mich mitgenommen. Ich stand unbemerkt in einer dunklen Ecke und habe alles beobachtet.

Ich als Deutsche habe sowieso keine Chance, ausgezeichnete Noten zu bekommen. Also wäre die Komsomolmitgliedschaft für mich nur von Nachteil. In der Schule habe ich zur Lehrerin einfach gesagt, daß ich noch nicht reif für den Komsomol bin.

Nach dem Tod Stalins herrscht in den obersten Etagen der Regierung ein Machtkampf. Führerwechsel. Erst triumphiert Genosse Malenkow. Dann kommt Chruschtschow an die Macht. Bald darauf wird in Moskau der 20. Parteitag eröffnet.

Wieder versammeln sich die Menschen auf dem „Sonnenschein", um die großen Ereignisse, Aufrufe, die vom 20. Parteitag verkündet werden, anzuhören.

Und dann folgt wie ein Blitz aus heiterem Himmel eine neue Nachricht: Der große Stalin wird kurz nach seinem Tod entthront. Plötzlich wird ausführlich von seinen Verbrechen berichtet. Unglaublich. Viele Menschen können nicht fassen, welche Schuld er auf sich geladen hat.

Und Mutter sagt erleichtert: „Die Wahrheit kommt halt doch immer ans Tageslicht. Nun, gibt es vielleicht für die Deutschen doch so etwas wie Hoffnung." Sie geht in den Stall, um dort die Kuh zu melken. Ihr Gang ist jetzt fest und gleichzeitig leicht. Es ist, als hätte sie eine schwere Last von ihren Schultern geworfen.

Die Kartoffelernte

Es war an einem Donnerstag oder Freitag im September. Vielleicht war es auch ein Samstag. Egal, in meiner Erinnerung ist es ein warmer Spätsommertag mit tiefblauem Himmel geblieben. Die Luft war dünn und durchsichtig und ein bißchen rauchig. Die Nächte jedoch waren schon kalt.

"Heute geh' ich aufs Feld jenseits der Bahnstrecke Irkutsk-Bisk Kartoffeln ausgraben und du, mein Mädel, wirst mir dabei helfen", sagt die Mutter. Sie ist traurig, weil Vater im Krankenhaus liegt.

Ich freue mich über den Auftrag und möchte am liebsten gleich am frühen Morgen mit Mama auf das Kartoffelfeld gehen. Aber ich muß ja erst in die Schule. Wir schreiben heute ein Russisch-Diktat, da prüft unser Klassenlehrer die Entschuldigungsschreiben der Eltern besonders gründlich.

Auf dem Weg zur Schule denke ich an Vater, der heute operiert wird. Es war kurz nach den Sommerferien, als er eine starke Kolik bekam. Das Krankenbild deutete zunächst auf eine Blinddarmentzündung. Wir hatten Vater sofort ins Krankenhaus bringen müssen. Und Tage später haben die Ärzte erst festgestellt, daß er an der Galle operiert werden muß.

Als kürzlich für unsere Klasse das Turnen ausfiel, habe ich Vater im Krankenhaus besucht. Dem Pförtner habe ich gesagt, daß ich meinem Vater etwas "Essentuki", Mineralwasser, bringen wolle, und oben, auf dem Gang, war keine Schwester zu sehen, also habe ich mich in sein Krankenzimmer geschlichen. Und da lag der Vater in einem weißen Bett, die Augen geschlossen. Er sah wie eine Wachsmumie aus. Sein Gesicht war zitronengelb und voller Bartstoppeln.

Krankenbesuche bei frisch Operierten sind streng verboten. Aber heute könnte ich ohnehin nicht zu Vater. Ich muß ja Mama auf dem Kartoffelfeld helfen. Für sie allein wäre die Arbeit mit der Hacke und den schweren Körben viel zu schwer.

Die Kartoffelgärten der Werktätigen der Waggonfabrik, in der Vater als Buchhalter beschäftigt ist, befinden sich ungefähr zehn Kilometer vom Dorf entfernt. Als ich mich auf den Weg dorthin mache, leuchtet der Himmel in klarem Blau und in Gelbtönen. Die Sonne wärmt zu dieser Zeit nicht mehr. Die Bäume sind in prächtiges Gelb, Rot und Kupfergold gekleidet. Ein heftiger Windstoß bläst mir ins Gesicht. Meine Jacke ist dünn und leicht, und wird fest an meinen Körper gedrückt.

Mit dem Diktat bin ich gut zurecht gekommen. Aber eine Vier oder gar eine Fünf werde ich ganz sicher nicht bekommen. Höchstens eine Drei. Unterwegs singe ich aus vollem Halse ein schönes Lied, das wir unlängst im Musikunterricht eingeübt haben: "Choroscha Strana moja rodnaja" - mein schönes Heimatland.

Zum Kartoffelfeld führt ein Schleichweg, ein Trampelpfad, der sich durch die dichten Haine an einem flachen See und einem Sonnenblumenfeld vorbeischlängelt. Im Sommer habe ich hier mit Mama nach der Feldarbeit gebadet. Wunderschön war das. Für heute hat mir Mutter verboten, den See barfüßig zu durchwaten, denn man kann sich leicht eine Lungenentzündung holen. Sie sagt, ich solle ein Boot nehmen, um an das andere Ufer zu gelangen. Doch als ich angekommen bin, ist kein Boot zu sehen. Also muß ich doch zu Fuß durch das eiskalte Wasser. Ein Gefühl, wie von tausend kleinen Nadeln gestochen zu werden. Kein Wunder, daß ich nachher am ganzen Körper zittre und mit den Zähnen klappre. Um mich wieder zu erwärmen, renne ich so schnell, als ob es um die Wette geht. Mit heraushängender Zunge habe ich nach anderthalb Stunden das Kartoffelfeld erreicht.

Die Gärten von Vaters Montageabteilung sind am Ende des Ackers; man muß das riesige Kartoffelfeld quer durchstreifen. Als die Gewerkschaftsgruppe im Frühling das Ackerfeld verteilte, nahm mich der Vater mit. Im Sommer sind die Trampelpfade noch zu erkennen, aber mit dem Beginn der Kartoffelernten sind sie durch Traktoren und Lastwagen zerstört. Unterwegs muß ich ein paarmal über Gräben, Löcher und Krauthaufen hüpfen. Dabei fällt mir der Verantwortliche für die Verteilung der Parzellen ein, ein großer kräftiger Mann mit Vornamen Stjopa, und ich muß lachen. Sein gutmütiges Mondgesicht sieht so komisch aus, daß ich bei dem Gedanken daran vor Lachen noch mehr außer Atem gerate. Ich denke an das lustige Gedicht von "Onkel Stjopa", das der Schriftsteller Michalkow geschrieben hat. Es ist eines der Lieblingsgedichte von uns Kindern. Stjopa hat wegen seiner Größe den Spitznamen "Hopfenstange" bekommen. Er ist ein gutmütiger Kerl, dem alles, was er anfängt, gelingt. Er trägt riesige Gummistiefel, in denen er mit Schritten, die groß wie ein Arschin sind, über den holprigen Acker stelzt. Bei der Verteilung der Ackerparzellen ging er gemächlich schaukelnd durch das Feld. Auf der Klumpenerde krächzten und pfiffen hungrig und gell die Raben und Spatzen. Sie suchten nach Würmern, von denen die Erde wimmelte. Dicke, lange Tiere - die reinsten Leckerbissen für diese Vögel.

Unser "Onkel Stjopa" hat bei der Verteilung der Felder allerlei Späße gemacht. Ungemein behende hat er mit einem Zirkel aus Kieferholz die jeweilige Parzelle vermessen, so daß er alsbald damit fertig war und seine Baßstimme schon den nächsten Namen in der alphabetischen Reihenfolge aufrief: "Towaristsch Bo...ron..k..o...w!". Und schon stand Towaristsch Boronkow stramm wie ein Soldat neben ihm, um das Feldstück von fünfzehnhundert Quadratmetern, das jedes Jahr neu vergeben werden muß, zu übernehmen. Zwischen den Gärten waren alsbald Verkehrs-Äderchen getreten, und am Ende des Gartens zwei lange Pfähle mit der Anschrift des Besitzers in die Erde geschlagen. Damit man später, wenn alles ringsum blüht und grünt, seinen Garten auch finden kann.

Dieses Jahr haben wir auf unserem Feldstück nicht nur Kartoffeln, sondern auch Sonnenblumen, Möhren und Kürbisse gepflanzt. Dazu haben wir einen langen Streifen

Hirse gesät. "Futter für die jungen Hühner", sagt Vater, "damit das Fleisch zart und saftig wird."

Die Mutter hat gerade eine Pause eingelegt, als ich bei unserem Feld eintreffe. Sie sitzt mit gekrümmtem Rücken auf einem Haufen von Sonnenblumenköpfen. Sie wirkt müde. Das Gesicht ist von der schweren Arbeit aufgedunsen, ihre Haare sehen wie ein im Winde gewelltes Kornfeld aus. Fast die Hälfte der Kartoffelstöcke hat sie ausgegraben. Nun trocknen die prächtigen, noch mit Erde behafteten Knollen in der Herbstsonne. Tante Sonja, unsere Nachbarin nennt die Kartoffel "Erdapfel". Und tatsächlich sind die rohen Kartoffeln fest und hart, wenn auch nicht süß und voller Aroma. Ich finde aber, daß es ein wunderschöner Name ist, der zu den dicken Kartoffeln paßt, obwohl sie nicht an den Bäumen wachsen, sondern in der Erde. Tante Sonja stammt aus dem Kaukasus, wo es herrliche Äpfel gibt.

Ich fange sofort damit an, die Kartoffeln aus der Erde in einen großen Blecheimer zu lesen. Dabei versuche ich, möglichst viel Erde von den Knollen und den Stöcken abzuschütteln. Die Knollen von drei oder vier Kartoffelstöcken machen den Blecheimer voll. Wenn so ein Eimer voll ist, wird er in einen Sack geschüttet, der dann oben zugebunden wird. Am Ende eines Erntetages stehen die grauen Leinensäcke reihenweise auf dem abgeernteten Kartoffelfeld.

Als wir am späten Nachmittag mit dem Ernten fertig sind, haben wir fünfhundert Eimer Kartoffeln gesammelt! Ich habe die Eimer gezählt und das Ergebnis auf einen Zettel geschrieben, um es später dem Vater zeigen zu können. Aus den Kartoffeln wird Mama das Jahr über allerhand köstliche Speisen bereiten. Die Kartoffel ist für uns mindestens so wertvoll wie Brot. Sie sättigt, und man kann sie für die verschiedensten Gerichte verwenden.

Nachdem wir an diesem Tag mit der Ernte fertig sind, warten wir auf eine "Polutorka", das ist ein Anderthalbtonnen-Lastwagen. Leider ist von dem Gefährt noch nichts zu sehen. Ich seufze, denn mir ist bange. Die Sonne steht schon wie eine riesige rote Kugel über dem Horizont. Rasch geht sie hinter den Bäumen unter. Die Luft wird jetzt empfindlich kühl, und der Wind ist unerträglich. Unsere Hände sind schmutzig und rauh, die Gesichter gerötet. Mich überfällt ein Schüttelfrost, und ich ziehe Mutters Wattejacke an, denn die Arbeit geht immer noch weiter. Die Sonnenblumen sind jetzt dran. Ihre Stengel sind fast zwei Meter hoch, und man muß beim Schneiden der Köpfe jeden Stengel biegen. Es hängen große schwarze Köpfe dran, aus denen wir anchließend die dicken Kerne herausklopfen. Auch von anderen Parzellen dringen die Schläge der Knüppel zu uns herüber, und in meinen Ohren klingt es "tuk...tuk...tuk", als wenn sich die Spechte im Wald verständigen. Wir haben schon einen ganzen Sack mit den Kernen voll, aber die "Polutorka" kommt einfach nicht.

Mama horcht eine Weile in den Abend, aber da sich kein Motorengeräusch vernehmen läßt, beginnt sie mit dem Ausgraben der Gelbrüben. Diese sind zart und gelbrot, oben dick und unten leicht spitz und so saftig, daß sie beim geringsten Druck abbrechen. Ich ziehe eine Möhre aus der Erde, und esse sie auf der Stelle. Sie schmeckt süß wie Honig.

Es dämmert, und weil unsere "Polutorka" immer noch nicht kommt, tragen wir die gelben Kürbisse zusammen. Im Winter wird Mama aus Kürbissen und Milch herrliche Pfannkuchen und Kascha zubereiten. Die Pfannkuchen sind so lecker, daß sie einem regelrecht auf der Zunge zergehen. Die Kerne der Kürbisse werden geröstet. Sie schmecken leicht süß und nußartig und sind eine solche Delikatesse, daß es sie nur an Sonn- und Feiertagen gibt.

Die Luft ist vom Rauch des abgebrannten Kartoffelkrauts erfüllt. Die Zeit des Kartoffelerntens ist zugleich die Zeit der Kartoffelfeuer. Mhm, mir läuft das Wasser im Munde zusammen, wenn ich mir vorstelle, wie gut die in Asche gebackenen Kartoffeln schmecken. Die Kruste ist ein bißchen hart und grauschwarz, aber wenn man die heiße

Kartoffel aufgebrochen hat, schaut die weiße mehlige Masse hervor und der starke Duft überfällt einen wie ein Schlag. Da ich einen Bärenhunger habe, mache ich eine kleine runde Aushöhlung in die Erde und lege zehn Kartoffeln hinein. Jetzt kommt darauf eine ganz dünne Schicht Erde und ein großer Haufen von trockenen Sonnenblumenstengel und Kartoffelkraut. Dann entfache ich ein Feuer. Nach einer Stunde sind die köstlichen Aschekartoffeln fertig. Aus heißer Asche hole ich die erste Kartoffel mit einem Stock heraus, und reiche sie der Mutter.

Inzwischen ist es dunkel geworden. Der wehende Westwind ist peinigend. Der Mond steht über dem Acker, zitronengelb in Blau. Die ganze Gegend zittert und säuselt im Mondschein. Die Sterne, die Himmelsherren, leuchten und funkeln mit ihrem hellen Licht. Und ich habe eine Weile einen kleinen blauen Stern betrachtet, der zitternd am Himmel steht.

Die "Polutorka" ist irgendwo steckengeblieben. Die Rufe, die Pfiffe, die von einem Ackerstück zum anderen fliegen, hören bald auf. Die meisten Menschen haben ihre Kartoffelernte schon nach Hause gebracht. Die Mutter ist äußerst besorgt und nervös. Wir sind beide müde und geschafft. Die Haare stehen mir zu Berge, wenn ich mir vorstelle, daß wir womöglich unter freiem Himmel übernachten müssen. Da taucht in der Ferne ein Lastwagen auf. Seine Scheinwerfer blenden uns. Sie sind so groß, wie zwei Eulenaugen. Wir hoffen, daß es die "Polutorka" ist, die der Bruder Walter für uns bestellt hat. Mama sagt: "Jola, mein Mädel, lauf rasch zum Fahrer, und zeige ihm den Weg zu uns!" Ich renne sofort los, wobei ich verzweifelte Rufe in Richtung "Polutorka" ausstoße: "Chauffe...u...r, Chauffe...u...r, warte, warte, wir sind hi...i...i...er!" Als ich bei der "Polutorka" ankomme, erblicke einen kräftigen Mann. Sein Gesicht sieht müde aus. Er blickt mich verwundert an. Und dann stellt sich heraus, daß die langerwartete "Polutorka" nicht für uns ist... Der Chauffeur macht seine letzte Fahrt in das Dorf. Ich bin so enttäuscht und entsetzt, daß ich wie mit Engelszungen auf den Mann einrede, damit er noch einmal wiederkommt - um uns und unsere Kartoffeln zu holen. Doch der Mann erklärt mir, daß er schon zwölf Stunden ohne Pause und ohne etwas zu essen hinter dem Steuer sitzt und zum Umfallen müde ist. Ich weine fassungslos, und mein Schluchzen macht ihn nachgiebig. Er verspricht, nach einer Stunde zurückzukommen. Als Belohnung fordert er eine Flasche Wodka. Ich verspreche ihm den "Grünen Smij", wobei ich Mutters Zustimmung voraussetze. Wir haben ja noch eine Flasche zu Hause, die Mutter für einen besonderen Anlaß aufhebt.

Als ich zurückkehre, hat Mutter schon einen Teil der Kartoffeln aus den Säcken in ein Loch geschüttet, um sie während der Nacht vor Frost und vor Dieben zu schützen. Nun ist das nicht mehr notwendig, weil ja die "Polutorka" kommt. Also klauben wir in der Dunkelheit die Kartoffeln wieder in die Säcke.

Und kaum daß wir damit fertig sind, ist die "Polutorka" da. Hoch mit ihnen auf die Ladefläche. Aber die Kartoffelsäcke sind so schwer, daß wir sie trotz äußerster Anstrengungen nicht hinauf bringen. Wir stehen hilflos da und schauen den Fahrer flehend an. Er packt ohne Worte zu und bringt einen Kartoffelsack nach dem anderen an den Rand der Ladefläche, von wo wir jeden einzelnen nach hinten ziehen. Danach laden wir noch die Kürbisse auf.

Wir sind zum Umfallen müde, aber glücklich, überglücklich. Geschafft! Mitten in der Nacht fahren wir nach Hause. Die "Polutorka" hopst und stolpert ununterbrochen über Gräben und Löcher, und wir kommen uns oben auf den Säcken sitzend wie geschüttelte Apfelbäume vor.

Nach einer guten dreiviertel Stunde erreicht der Lastwagen unser Haus. Im Dorf herrscht die Stille der Nacht. Selbst die Dorfhunde schlafen schon. Wir laden erst die Kürbisse ab und tragen sie in die Scheune. Dann kippt der Chauffeur den Kasten um, und die Kartoffelsäcke plumpsen auf das Stroh neben dem Kuhstall. Der Fahrer drückt seine Belohnung an die Brust und wünscht eine "Gute Nacht". Doch der Morgen graut bereits.

Ich habe keinen sehnlicheren Wunsch als den nach einem warmen molligen Bett. Aber in den Stuben ist es kalt. Ich falle in meinen Sachen auf das Bett und schließe die Augen. Im Nu bin ich eingeschlafen. Mein Schlaf taumelt zwischen Tag-und-Nacht-Träumen. Ich bin glücklich, kleinglücklich, scheinglücklich. Immerhin: Am nächsten Tage werde ich den Vater im Krankenhaus besuchen und ihm die Nachricht von unserer reichen Kartoffelernte überbringen.

Nachwort

Die Geschichte, die hier erzählt wurde, ereignete sich in Altaiski Kray, im Ort, der für unsere Familie wie auch für viele andere Deutsche ein Verbannungsort war. Der Kalender schrieb das Jahr 1954. Nach bitteren Zeiten voller Not folgte endlich ein fruchtbares Jahr, in dem es Brot ohne Lebenmittelkarten gab, und man konnte sich endlich an Kartoffeln und Gemüse satt essen. Das Jahr war für uns eine unverhoffte Gottesgabe. Die reiche Kartoffelernte erfüllte uns mit einem großen Dankesgefühl gegen den Geber alles Guten, und es war wie ein Wunder für diejenigen, die bis dahin nichts gekannt hatten als den Hunger, die Kälte und das Elend.

Die Schule

Ich war bereits sieben Jahre alt und sollte eingeschult werden. Ich war ein kleines mageres Mädchen, spindeldürr, mit dicken blonden Zöpfen.

Meine Mutter machte sich Sorgen wegen meiner Schulkleidung. Es war sehr schwer, die Schulkleidung in einem Laden zu bekommen. Die Geschäfte waren in den Nachkriegsjahren „ratzekahl". Die Schulkleidung, auch „Schulforma" genannt, war vorgeschrieben: Ein dunkelbraunes Kleid mit schwarzer Schürze, hochgeschlossen, mit schmalem, weißem Kragen und mit langen Ärmeln, die den Puls mit einem Bund umschlossen. Zum Schulfest mußte zusätzlich eine weiße Schürze sein. Ein Paar schwarze Schuhe und Strümpfe vollendeten die monoton aussehende Schultracht, die man zehn Jahre zu tragen hatte. Bei dem Gedanken daran wurde ich traurig. Die Schuluniform machte aus uns Kindern Vogelscheuchen. Meine Mutter ging den ganzen Sommer über auf den Trödelmarkt, um günstig braunen Stoff für ein Schulkleid zu erwischen. Vergeblich. Also kaufte sie einen graublauen Kammgarnstoff und nähte mir das Kleid daraus. Die schwarze Schürze schneiderte sie aus Walters abgetragener Arbeitshose. Eine Schultasche und ein kleines Säcklein für das Tintenfaß kamen dabei auch noch heraus.

Die Grundschule war kürzlich noch eine Fabrikschule des Waggonwerks gewesen. Das Gebäude bestand aus einer langen Baracke, die ärmlich und einsam auf einem breiten, unbewohnten Platz stand und wie ein Gefängnis aussah. Die schwarzen krummfingrigen Äste der wenigen Bäume waren schon kahl. Ich hatte Angst vor dieser Schule, aber meine Mutter beruhigte mich, wie sie nur konnte.

Bis der erste September kam, der Tag der Einschulung. Es war schon kalt. Die ersten Schneeflocken tanzten durch die Gegend. Die Luft war dick und graublau wie Fischlaich. Im Schulhof waren die Schüler dreigliedrig zum festlichen Appell angetreten. In der erste Reihe standen die Erstkläßler. Der Schuldirektor hielt eine Begrüßungsrede, und wir wurden in die Klasse geführt.

Der Klassenraum war klein und hatte nur ein Fenster, das zu dieser Zeit fest geschlossen war. In drei Reihen standen schwarze Schulbänke mit Pultdeckeln. Ein kleines Fach unter dem Pultdeckel diente zur Aufbewahrung der Schultasche und der Sportkleidung. Eine große schwarze Tafel hing an der Wand. In der mittleren Reihe stand ein gelber Schreibtisch. An den Wänden hingen riesige Porträts der "großen" Kommunisten: Marx, Engels; Lenin und natürlich unser jetziger „Lehrer und Führer", J.W. Stalin. Es war alles streng und schlicht eingerichtet und wirkte doch zufriedenstellend, auch wenn die vierzig Schüler wie Heringe im Faß zusammengedrängt waren. Unsere Lehrerin hieß Afanasija Petrowna: kleinwüchsig, stämmig, eine Frau mittleren Alters mit stechendem Blick. Die Schüler bekamen ihre Plätze auf die folgenden vier Jahre zugewiesen, und es war streng verboten diese ohne Erlaubnis der Lehrerin zu wechseln. In der Klasse war es so still, daß man eine Stecknadel hätte fallen hören können. Während des Unterrichts befanden sich unsere Hände auf der Schulbank, brav zusammengelegt, aufzustehen und Fragen zu stellen, war nicht erlaubt.

Als die Klassenlehrerin meinen Namen aufrief, stand ich auf und sagte: „Jolantha W."

„Hm, hm... eine Deutsche..." Und in diesem „Hm, hm..." klang jede Menge Verachtung. „Also, ab heute wirst du Jelena heißen! Das ist ein richtiger russischer Vorname und bedeutet 'die Schönheit'", sagte sie, und ihr Gesicht zeigte nicht das kleinste Zeichen von Freundlichkeit. Mit rotem Bleistift strich sie im Klassenjournal den Vorname Jolantha durch und machte daraus „Jelena". Ich verstand nicht, warum ich plötzlich einen anderen Vornamen haben mußte. Aber wie sollte ich mich zur Wehr setzen?

Der Schultag begann mit dem Morgenappell. Die Hymne unseres Vaterlandes und die „Internationale" wurden gesungen. Feierlich und erhaben klang es, wir sollten stolz auf unsere große Heimat sein und uns glücklich schätzen, ihre Bürger zu sein.

Es herrschte strenge Ordnung, die die Schüler auch von Anfang an zu spüren bekamen. Die Lehrerin prüfte die Ohren, die Hände und den Hals. Dann kam die Kleidung an die Reihe. Schürze, Kragen, Manschetten wurden auf Sauberkeit geprüft. Wenn irgend etwas nicht in Ordnung war, schrieb die Lehrerin den Eltern einen Mahnzettel oder eine Vorladung, und im Wiederholungsfall kam eine schlechte Ordnungsnote ins Zeugnis.

In jeder Klasse war ein Klassenältester, die rechte Hand der Klassenlehrerin. Klassenältester zu sein, war eine große Ehre. Jeder von uns mußte der Reihe nach eine ganze Woche Klassenordner sein. Der Klassenordner war an einer roten Armbinde erkennbar, und seine Pflicht war es, die Abwesenden zu melden, in der Pause die Tafel zu wischen und ein wachsames Auge auf die Kinder zu haben. Im Korridor durfte nicht gerannt, geschubst oder gelärmt werden. Diejenigen, die während der Pause durch schlechte Disziplin auffielen, hatte der Klassenordner dem Klassenältesten zu melden, und der mußte Meldung an die Klassenlehrerin machen. Für Betragen und Fleiß im Zeugnis wurde nur „sehr gut" akzeptiert.

Von der zweiten Klasse an mußten wir einmal in der Woche das Klassenzimmer und die Schulbänke gründlich mit Kernseife reinigen. Die Fußbodenbretter waren immer schmutzig. Sie sauber zu bekommen, kostete Mühe, die reinste Sklavenarbeit also. Man mußte zuerst die schweren Schulbänke auf den Kopf stellen und sie nachher wieder umdrehen. Ich bekam jedesmal schreckliches Bauchweh, so daß mich Mutter abends einreiben mußte. Beschwerden wurden natürlich nicht berücksichtigt.

Einmal im Monat war unsere Klasse mit der Reinigung des langen Korridors an der Reihe. Wenn am nächsten Tag auf der Tafel eine kleine rote Fahne hing, bedeutete es den ersten Platz im Wettbewerb „Ordnung ist das halbe Leben". Ob die Arbeit gut oder schlecht getan war, entschied die Schulputzfrau ein. Sie hieß Tante Rosa, hatte tomatenrote Haare, ein lockeres Mundwerk und ein Gedächtnis wie ein indischer Elefant. Jeden Schüler nannte sie beim Namen. Ihre Pflicht war es, den riesigen Ofen zu heizen und den Korridor, der immer schmutzig aussah, mit dem Kehrbesen zu fegen. Beim Kohlenschaufeln hatte ich sie öfters beobachtet. Ihre Hände waren groß und grob wie die Rinde eines Vollkornbrots. Obwohl sie uns oft geradezu militärisch herumkommandierte, war sie doch recht gutherzig.

In der ersten und zweiten Klasse lernten wir lesen, schreiben und rechnen. Die Fächer wie Turnen, Zeichnen, Singen, Handarbeit hatte ich sehr gern. Rechnen dagegen war mein schlechtestes Fach, vieles blieb mir geradezu schleierhaft und wollte nicht in meinen Kopf. Zu Hause hatte niemand die Zeit, mit mir zu üben. Vater war Tag und Nacht auf der Arbeit, und Mutter verstand die russische Sprache schlecht. Und mein Bruder Walter war elf Jahre alt, als man uns nach Sibirien verbannte. Er hatte nur die deutsche Grundschule absolviert und vom Russischen nicht viel mitbekommen. Sich nun noch mal mit Jüngeren auf eine Schulbank zu setzen, war ihm zu lächerlich. Also konnte auch er mir nicht helfen.

Ich hatte nur wenig Zeit, die Hausaufgaben zu machen. Wenn der Abend kam, war ich so müde und erschöpft, daß ich schon beim Abendbrot einschlief. Ich war in der Familie das Milchmädchen. Bei jedem Wetter mußte ich zum Schenkendorfplatz, der sich nicht weit von unserer Barackensiedlung befand. Es gab dort eine Reihe von Ladentischen aus ungehobelten Kiefernbrettern. Kein Dach, oder irgendwelcher Schutz vor Unwetter. Ich mußte den Rest der Milch, der unserer Familie nach Ablieferung des Pflichtkontingents verblieb, verkaufen. Kein Ach und Aber half. Wir brauchten Geld, denn Vater wollte ein Häuschen kaufen, damit wir so schnell wie möglich diese schreckliche Barackensiedlung verlassen konnten.

Am Anfang hatte ich nur Laufkundschaft. Im Winter, wenn klirrender Frost und wochenlange Schneestürme herrschten, verkaufte ich die Milch als eingefrorene runde, gelbliche Scheiben. Ansonsten hatte ich sie in einer Blechkanne, und eine Glasdose von einem halben Liter war das Maß. Anfangs ging ich die langen, tunnelartigen Barackenkorridore entlang und bot meine rahmig frische Milch an. Aber die Dorfbewohner kauften selten einen ganzen Liter. Trotz aller Mühe gelang es mir nicht, eine Stammkundschaft zu schaffen. Die Not der Menschen war einfach zu groß. Deshalb also ging ich mit der Milch meistens auf den Schenkendorfplatz.

Wenn mich meine Lehrerin Afanasija Petrowna auf dem Schenkendorfplatz entdeckte, bekam sie fieberheiße Augen. Hier verkaufte ich Milch, und in der Schule konnte ich das Einmaleins nicht auswendig aufsagen. Bis sie mich eines Tages wieder dort sah und ihr die Geduld riß. Wie ein aufgescheuchter Eisvogel kam sie am nächsten Tag in das Barackenzimmer meiner Eltern geflattert. Mutter war zu Hause und füllte gerade die blaugraue Blechkanne mit Milch. Ich machte mich eben auf den Weg zum Schenkendorfplatz. Beim Anblick der Lehrerin überfiel mich Panik. Ich wäre am liebsten in den Korridor geflüchtet. Aber Mutters warnender Blick hielt mich zurück. Afanasija Petrowna stand mit dem Rücken zu mir. Sie schäumte vor Wut. Mutter wurde bleich und schüttete vor Aufregung die Milch an der Blechkanne vorbei. Afanasija Petrowna schimpfte los: „Sieh da! Die Milch ist ihre finanzielle Quelle. Wie abscheulich! Wenn ich ihre Tochter noch einmal auf dem Schenkendorfplatz sehe, zeige ich Sie bei der Miliz an! Die wird den *Fritzen* schon zeigen, wie die russische Wirklichkeit aussieht! Sorgen Sie dafür, daß Jelena das Versäumte nachholt, sonst muß sie die zweite Klasse wiederholen!“ Ihre messerscharfe Stimme stand noch einige Augenblicke im Raum. Mutter schämte sich fürchterlich. Das Blut überschwemmte in einer heißen Welle ihr Gesicht. Beim Wort „Miliz“ fiel sie innerlich zusammen. Mit tonloser Stimme stammelte sie: „Wir... wir... werden alles gut machen, nur bitte, bitte nicht bei der Miliz anzeigen!"

„Na, gut, ich werde es mir überlegen“, sagte die Lehrerin und verschwand. Als sie fort war, überfiel mich ein heftiger Schüttelfrost.

Erst einige Zeit später war ich in der Lage, der Mutter schluchzend zu gestehen, daß ich in der Schule in einigen Fächern große Probleme hatte und mir die Lehrerin deshalb beständig Angst einjagte.

„Du kleiner Feigling“ tröstete sie mich und versprach, mir zu helfen. Und alsbald hatte der Lehrerbesuch für mich gute Folgen. Vater übte nun mit mir rechnen, und ich mußte die zweite Klasse nicht wiederholen. Das Milchmädchen blieb ich trotzdem.

Es gab weder Schulhefte noch Papier. Ich benutzte alte vergilbte Zeitungen und halbleere Blätter, die der Vater von der Arbeit mitbrachte. Ich lernte sehr schnell russisch lesen und schreiben.

Mit den Mädchen und Jungen unserer Klasse kam ich gut aus. Allerdings gab es einige Schüler, mit denen mir heftige Auseinandersetzungen nicht erspart blieben. In unserer Klasse war ein Junge, der die Mädchen beschimpfte und sie ständig schikanierte. Er hieß Nikolai Simakow. Mir gegenüber war er besonders grob, vielleicht, weil ich die einzige Deutsche in der Klasse war. Er machte mich zur Zielscheibe seines Spotts, gab mir den Spitznamen „Heil Hitler“ und machte Tintenkleckse in meine Hefte, er riß an meinen Zöpfen, bis ich vor Schmerzen aufschrie. Er petzte, wo er nur konnte und schlug mich in den Pausen mit der Schleuder. Afanasija Petrowna reagierte nur schwach auf meine Beschwerden, da sein Vater der Parteichef der Waggonfabrik war. Heimlich nannten wir ihn „Kolka-Polka“, weil er behend war wie eine Wiesel. Sein Gesicht war von Sommersprossen übersät und mit seinen braunen Glotzaugen und der zusammengedrückten Nase sah er wie eine Bulldogge aus. Kolka, ein echtes Früchtchen, frech und hinterhältig.

Als ich nach einer starken Erkältung wieder in die Schule kam, grapschte er in einer Pause mein leeres Rechenheft aus der Schultasche und blätterte es nachher vor der ganze Klasse auf. „Na bitte!" schrie er, "unsere *Heil Hitler* ist so dämlich, daß sie wieder die Hausaufgabe nicht gemacht hatte!“

Ich wurde so wütend, daß ich ein Tintenfaß nahm und die ganze dunkelviolette Tinte auf Kolkas Kopf schüttete. „Für dein Heil Hitler“, fauchte ich.

Der Überfall kam für Kolka so überraschend, daß er kaum reagierte. Von seinem Gesicht rannen große Tintentropfen, Hände und Kleidung waren völlig verschmutzt. Die anderen Schüler der Klasse schrien und johlten und bogen sich vor Lachen. In diesem Moment kam die Lehrerin in die Klasse, zunächst starrte sie fassungslos auf die Szene, doch dann nahm sie mir das leere Tintenfaß aus der Hand und forderte uns auf, auf unsere Plätze zu gehen. Der Unterricht begann wie üblich.

Erst nach dem Unterricht gab es eine heftige Diskussion mit der Lehrerin. Ich sollte Kolka um Verzeihung bitten und mich mit ihm versöhnen „Niemals!“ sagte ich bockig und blieb stur. Woher ich den Mut genommen hatte, so standhaft zu bleiben, weiß ich bis heute nicht.

Eines Tages malte ich auf einem großen Blatt Papier ein riesiges Schwein, das in einer schlammigen Pfütze lag. Darunter schrieb ich: Kolka Simakow. Ganz vorsichtig klebte ich dieses Blatt an Kolkas Rücken und wartete mit pochendem Herzen, was passierte. Bald rief die Lehrerin Simakow zur Tafel. Schon auf dem Weg dorthin fing in der Klasse das Kichern an, erst leise, dann immer lauter, bis es in schallendes Lachen überging. Simakow verstand den Grund des Gelächters nicht, er wurde bleich und war völlig durcheinander. Wie ein begossener Pudel stand er da. In der Klasse herrschte so ein Durcheinander, daß die Lehrerin mit dem Lineal auf den Tisch schlagen mußte. „Wer hat das gemacht?“ fragte sie barsch. Als sich niemand meldete, sagte sie: „Simakow, nimm bitte Platz!“ Sie gab ihm das Blatt mit dem Schwein und Simakow ging mit hängendem Kopf zur Schulbank Er war bis auf die Knochen blamiert, aber ich triumphierte.

Später schrieb Afanasija Petrowna eine schlechte Note unter Betragen in mein Hausaufgabenheft und bat den Vater zu einem Gespräch in die Schule zu kommen. Da es Pflicht war das Hausaufgabenheft jede Woche von den Eltern unterschreiben zu lassen, hatte ich dem Vater vorher alles erzählt. Er hatte mich weder verprügelt noch mir eine Moralpredigt gehalten. Nur traurig und still war er geworden.

Nun ging er in die Schule, zum Direktor. Vater nahm mich bei diesem Gespräch in Schutz: „Für die vielen Erniedrigungen und den Spott, die dieser Simakow meiner Tochter angetan hat, ist der Kerl noch viel zu gut weggekommen. Simakow müßte erzogen werden, und nicht meine Tochter!“ sagte mein Vater und stand auf.

Von da an war der „Fall Simakow“ für mich erledigt und Kolka zahm wie Lämmchen.

Nach vier Jahren verließ ich die Grundschule und die verhaßte Lehrerin Afanasija Petrowna. Meine Eltern kauften das kleine Häuschen am Rande des Dorfes. Ich besuchte eine Mittelschule namens „Wladimir Iljitsch Lenin“, die neu gebaut und ein Jahr zuvor eingeweiht worden war. Mit Kolka Simanow hatte ich schon lange nichts mehr zu tun gehabt.

Die Mathematiklehrerin

Es war 1956. Mein letztes Jahr vor dem Schulabschluß. Ich besuchte die zehnte Klasse der Mittelschule in Tschesnokowka im fernen Altai-Gebiet. Meine Eltern hatten vor einiger Zeit jenes kleine Haus gekauft. Bis dahin hatten wir zu viert in einem Zimmer von 8 qm in einer der alten Holzbaracken gewohnt, die im Jahr 1905 gebaut worden waren. Das trostlose Bild, das die sich schier endlos hinziehenden Baracken abgaben, werde ich im Leben nicht vergessen: schäbig, halb in die Erde hineingewachsen, mit kleinen Fensterluken auf Bodenhöhe, durch die kaum Licht drang, ringsum kein Baum, kein Gebüsch, nicht einmal Unkraut. Die Bewohner ähnelten diesem finsteren Ort: verbannte Russen, vertriebene Deutsche, Entlassene aus dem Strafvollzug. Es war der Ort, an dem ich meine Kindheit verbracht hatte. Ich war froh, daß wir ihn endlich verließen. Allerdings: Für uns Kinder brachte der Umzug auch die Trennung vom bisherigen Freundeskreis, von den Schulkameraden. Und es brachte einen Neuanfang in einer anderen Schule, der bei mir unvergeßliche und schmerzhafte Spuren hinterließ.

Die Mittelschule war neu, hell, groß und schön. Es war die beste Schule in der kleinen Stadt, die bevorzugt von begabten Kindern besucht wurde. Zuvor waren meine Leistungen gut gewesen, aber hier fühlte ich mich unsicher, und das brachte Probleme. Gleich in der ersten Mathematikstunde fing es an. Als die Mathematiklehrerin - ich sehe sie noch heute deutlich vor mir: eine junge Frau, Anfang dreißig, groß und schlank, dunkelblond, mit unberechenbar flackerndem Blick - die Klasse betrat, mit resoluter Stimme die Schüler begrüßte und das Klassenbuch aufklappte, verkündete einer der Schüler die "sensationelle Neuigkeit". Er war ein unsympathischer Bursche, mit Sommersprossen und feuerroten Haaren: "Lydia Michailowna, wir haben eine neue Schülerin - eine Faschistin!"

Die Lehrerin wurde etwas blasser, und in der Klasse konnte man die plötzlich entstandene Spannung geradezu fühlen. "Koslow, setz dich, bitte", sagte sie dann leise. Sie blickte ins Klassenbuch, wo mein Name obenan stand. Und ehe ich es recht begriffen hatte, rief sie mich auf, wobei sie die beiden letzten Buchstaben meines deutschen Namens, das "er", nach der Art einer krächzenden Krähe verächtlich rollte. "...e-r-r-r." Sie sah mich dabei an, als sei ich eine Verbrecherin. "Also, teil uns doch mit, auf welche Art und Weise du in unserer Schule gelandet bist. Warum seid ihr nicht in Deutschland?" fragte sie barsch.

"Wir sind Verbannte... Deutsche aus dem Saratower Gebiet...Ich war noch ganz klein, als der Krieg... Deportation... Wußten Sie nicht, Lydia Michailowna?" stieß ich mühsam hervor. Ich spürte, daß ich für irgendein traumatisches Ereignis in ihrem Leben als Sündenbock büßen sollte.

"Acha!" fuhr sie mich hochmütig an, und in diesem "Acha!" lagen Hohn, Verachtung und Haß. Mit einer abfälligen Handbewegung gestattete sie mir, Platz zu nehmen. In der Pause erzählte mir meine Nachbarin, daß die Mathematiklehrerin alle Deutschen wie die Pest haßte, weil ihre Eltern im Krieg von deutschen Soldaten verbrannt worden seien. Sie selbst war bei den Partisanen gewesen.

Auf dem Nachhauseweg weinte ich hemmungslos. Ich war zwar oft als Faschistin beschimpft worden, aber eine solche Erniedrigung vor der ganzen Klasse hatte ich noch nie erlebt. Als mich meine Mutter zu Hause so deprimiert sah, fragte sie mich erschrocken, was denn passiert sei. Nachdem ich von der Demütigung erzählt hatte, gaben mir meine Eltern den dringenden Rat, nur ja keinen Widerstand zu leisten und alles über mich ergehen zu lassen. Damit war ich aber nicht einverstanden. Ich hatte keineswegs die Absicht, mich unterkriegen zu lassen.

Allgemein heißt es ja, Mathematiklehrer litten extrem an Phantasielosigkeit. Bei Lydia Michailowna war das aber keineswegs der Fall. Sie war, was das Ausdenken immer neuer Schikanen für mich anging, voller Ideen. Eines Tages rief sie mich an die Tafel, damit ich eine Rechenaufgabe lösen sollte. Eine enorm schwere Aufgabe. Zu den anderen Schülern sagte sie: "Ich weiß, daß diese Aufgabe eine schwere Nuß ist, aber die *Nemka* soll uns doch mal zeigen, was sie kann."

Als ich aus ihrem Mund das Schimpfwort "Nemka" hörte, kochte ich innerlich vor Wut. Das Benehmen der Lehrerin war widerlich und primitiv. Ich wurde knallrot und zitterte am ganzen Körper. Auf die Lösung der Aufgabe konnte ich mich nicht mehr konzentrieren. Ich schwieg und legte mechanisch die Kreide zurück.

"Acha, E-r-r-r ist beleidigt! Gehen wir mit dir nicht sanft genug um? Nun, für deine Faulheit und Dummheit gebe ich dir eine Eins. Und merk dir, daß eine *Nemka* in Mathematik höchstens auf eine Zwei kommen kann."

Ich nahm all meinen Mut zusammen, blickte der Lehrerin voll ins Gesicht, und dann sprudelte es auf einmal wie von selbst aus mir heraus: "Wenn Sie mich noch einmal mit *Nemka* beschimpfen und meinen Namen wie eine Krähe aussprechen, dann..."

"Was? Was?" fragte sie drohend. Ich sagte kein Wort mehr. In meiner Wut und Aufregung hatte ich in die Richtung des Schreibtisches, an dem die Lehrerin stand, gespuckt. Jetzt ging ich hastig zu meiner Bank zurück und nahm Platz. Aber ich hatte keine Angst.

Plötzlich hörte ich, wie die Lehrerin laut zu schluchzen begann. Ansonsten war es absolut still in der Klasse. Vierzig Augenpaare, in denen sich Bewunderung, Haß und Mitleid mischten, starrten mich an. Mir aber war alles egal. Ich schwor mir in diesem Augenblick, niemals mehr für irgend jemand der Sündenbock zu sein. Ich ging aus dem Klassenraum und einige Tage später hatte ich erreicht, daß ich jene Schule verlassen und auf einer anderen Schule weiterlernen konnte. Dort gelang mir ein Schulabschluß mit glänzenden Noten. Die Mathematiklehrerin jedoch habe ich in meinem Leben niemals wiedergesehen.

Säe unverdrossen eine gute Tat

Die Winterschulferien standen vor der Tür, und da hatte unsere Klassenlehrerin, Afanasija Petrowna, den großartigen Einfall, uns das Thema „Neujahrsfeier“ als Hausaufsatz aufzugeben.

Ich sitze am Küchentisch, starre Löcher in die Luft. Vor mir liegt das leere Schreibheft, in dem ich mein Konzept niederschreiben will. Ich bin mir ziemlich sicher, daß nun alle anderen Schüler wieder dasselbe schreiben werden: vom Glanz der verschneiten Jolotschka, der Neujahrstanne, am Kulturpalastplatz, von der Neujahrsfeier im Klubhaus, wo die Kinder der Waggonfabrik festlich gekleidet den Reigen um den geschmückten Neujahrsbaum tanzen und das Lied "Im Walde steht ein Tannenbaum" singen und wo sie die Neujahrsgedichte von Großväterchen Frost und Schneewittchen herunterleiern, von fröhlichen Jahrmärkten und der Troika-Fahrt. Aber ich will das alles nicht schreiben.

Es muß doch etwas anderes geben als das übliche Neujahrsfeiereinerlei und den Neujahrsrummel. Ich lasse mir etwas Ungewöhnliches einfallen. Soll doch Afanasija Petrowna staunen und meinen Hausaufsatz sogar der Klasse vorlesen. Da wird der Schüler Iwanow, der Schmeichler, den Afanasija Petrowna immer bevorzugt, vor Neid platzen.

Erst einmal jedoch zermartere ich mir das Hirn, was ich in meinem Hausaufsatz schreiben könnte. Ich merke, ich stecke voller Geschichten wie ein Rehbock voller Zecken.

Oben auf der Pritsche würfeln die Jungs und reden leise miteinander. Heinzi, mein jüngster Bruder, sechs Jahre, und Peter, der Nachbarsjunge, elf Jahre alt. Ich starre auf die leere Seite der Kladde, drehe den Schreibstift in den Fingern, zupfe an den Zöpfen, höre dem Gerede der beiden zu.

Neugierig fragt Heinzi:„ Weißt du, wer der Heiland der Welt ist?“

„Gewiß, weiß ich es“, sagt Peter überzeugt. „Das ist unser Führer und Lehrer, Josef Wissarionowitsch Stalin! Also, Heinzi, du mußt es dir so vorstellen: Stalin ist ein mächtiger König, weit und breit in der Welt bekannt, der alles weiß, alles kann und alles darf.“

„Gibt es in der Welt außer dem 'Heiligen Russland' noch andere Länder?“

„Na ja, das kann ich dir so genau nicht erklären, das verstehst du sowieso noch nicht, weil du zu klein bist. Es sind noch Kapitalisten in der Welt. Aber die sind weit, weit von uns entfernt. Aber eins weiß ich bestimmt, daß die Sowjetunion der reichste und mächtigste Staat der Welt ist. Das steht in allen Lehrbüchern. Du wirst es schon erfahren, wenn du mal in die Schule gehst!“

„Wenn der Vater Staat so reich ist, warum sind wir arm wie Bettler? Und warum ist der König Stalin dann so ungerecht zu den Deutschen?“

„Das ist eine schwierige Frage. Aber ich werde mich bei unserem Lehrer Maximow, der alles weiß, erkundigen“, sagt Peter und seufzt tief.

„Wie ist es denn mit Gott im Himmel, ist er auch ein König?“

„Quatsch“, meint Peter, „es gibt keinen Gott im Himmel, das ist nur die falsche Propaganda der Parteifeinde und Antikommunisten, eine leere Blase.“

„Aber kommt denn der Weihnachtsmann nicht aus dem Himmel?“

„Unsinn, er kommt aus der Familie. Außerdem heißt der Weihnachtsmann jetzt Ded Moros. In dem Klubhaus, wo die Neujahrsfeier für die Kinder der Waggonfabrik stattfindet, ist es immer der Freizeitgestalter des Klubs und seit zwei Jahren haben wir die junge Schuldirektorin als Schneewittchen. Ludmila Alexandrowna heißt sie, und hat lange, dicke, blonde Zöpfe und eine weiße Haut. Die russischen Schneewittchen haben Haut weiß wie Schnee und Wangen rot wie Blut, lange blonde Zöpfe und auf dem Kopf eine Krone, halbrund wie eine Sichel, geschmückt mit glitzernden Steinen. Und da ist Ludmila Alexandrowna die Beste im Dorf, die zu dieser Rolle paßt."

So ein Blödsinn, dieses Gerede, denke ich und höre nicht mehr zu. Jetzt male ich mir allerlei Bilder aus. Wie wär's denn, wenn ich von der früheren Adventszeit, die jetzt aus unserem Leben gestrichen ist, vom Leuchten der Kerzen, vom richtigen Weihnachtsmann und vom Christuskind, vom Esel und der Krippe, von den Engeln, die im Himmel wohnen und von denen meine Mama immer so schön erzählt, schreiben würde! Und da fällt mir die alte russische Legende vom 4. König ein. Die hat mir Julkas Oma erzählt.

„Um den König der Menschen anzubeten, sind aus dem Morgenland vier Könige aufgebrochen. Auf vier verschiedenen Wegen kamen sie gezogen, und jeder führte die köstlichsten Gaben seines Landes mit sich: leuchtendes Gold der eine, süßen Weihrauch der andere, herrliche Myrrhe der dritte, und der vierte und jüngste Edelsteine von unschätzbarem Wert. Rastlos folgten sie dem geheimnisvollen Stern. Aber in keinem brannte die Sehnsucht, Gott zu schauen, so wie in dem jungen König. Seine drei Edelsteine opferte er den Schwachen und Armen, die in großer Not waren. Den ersten Edelstein vermachte er einer guten Frau zur Pflege ihres hilflosen kleinen Kindes, das er im Staub liegen sah, nackt, aus fünf Wunden blutend. Die drei anderen Könige indessen hatten nichts gemerkt. Sie zogen unentwegt dem Stern nach. Den vierten König jedoch hatte die Not des Kindes auch auf anderes Leid aufmerksam gemacht. Und das ließ ihn nun nicht mehr los.

Sein Weg führte ihn durch eine Stadt. Ein Leichenzug begegnete ihm. Hinter dem Sarg schritt eine Frau mit ihren Kindern. Den Mann und Vater trug man zu Grabe, und danach sollten sie als Sklaven verkauft und auseinandergerissen werden, weil niemand für ihre Schulden aufkommen wollte. Der zweite Edelstein war dem neugeborenen König zugedacht. Von Mitleid übermannt, entnahm er dem Gürtel diesen Stein und legte ihn in die Hand der Witwe. 'Kauft euch Haus und Hof und Land, damit ihr und eure Kinder eine Heimat habt.' Dann ritt er weiter. Aber der Stern war nun erloschen. Den dritten und den letzten Edelstein opferte der König, um die Einwohner eines Dorfes, in dem der Krieg wütete, vor der Verwüstung zu bewahren. Müde und traurig ritt er danach weiter. Sein Stern leuchtete nicht mehr. Und die Not der Menschen lenkte ihn vom Ziel ab. Jahrelang wanderte er, pflegte Kranke und half den Schwachen. Keine Not blieb ihm fremd. Keinem Schmerz konnte er ausweichen. Und als er eines Tages am Hafen einer großen Stadt ankam und sah, wie ein Vater seiner unglücklichen Frau und den klagenden Kindern mit Gewalt entrissen werden sollte (es war ein Sklave, der sich gegen die Tyrannei seines Herrn aufgelehnt hatte), da kaufte er den Unglücklichen mit seiner eigenen Freiheit los und stieg nun als Galeerensklave in das Schiff hinab. Jetzt war sein Platz zwischen Verbrechern. Angekettet an jenes Sträflingsschiff war er bei Sturm oder Kampf dem sicheren Tode preisgegeben. Und als sein Geist sich empörte und sein Herz sich verhärten wollte, leuchtete der Stern , sein Stern in seiner Seele auf.

Jahre vergingen. Grau war sein Haar geworden, doch sein Herz kannte keine Bitterkeit. Aus seinem Gesicht strahlte herzliche Güte. Man schenkte ihm die Freiheit zurück. An der Küste eines fremden Landes verließ er das Schiff. Arme Fischer nahmen ihn auf. In dieser Nacht träumte er von seinem Stern, dem zu folgen, er als junger Mann ausgezogen war und Heimat und Reichtum verlassen hatte. Er brach noch zur selben Stunde auf und kam an die Tore einer großen Stadt. Und was sah er? Auf einem Hügel, zwischen Himmel und Erde, ragten drei Pfähle empor. Was war das? Sein Stern, der ihn zum König der Welt führen sollte, blieb über dem Pfahl in der Mitte stehen, leuchtete noch einmal auf - es war, als schrie der Stern - und dann war er erloschen. Da traf ihn der Blick dieses Menschen, der da am Pfahl hing. Alles Leid, alle Qual der Erde mußte er auf sich gezogen haben, so war dieser Blick. Seine Hände, von Nägeln durchbohrt, waren gekrümmt. Und doch leuchtete es aus ihnen wie Strahlen. Wie ein Blitz durchfuhr den König die Erkenntnis: Dieser ist der König der Menschen. Dieser ist Gott, der Heiland der Welt, den ich gesucht, nach dem ich mich in Sehnsucht verzehrte habe. Er sank unter dem Kreuz in die Knie. Seine leeren Hände streckte er dem Herrn entgegen. Da fielen drei dunkelrote Tropfen des kostbaren Blutes vom Kreuz in die Hände des Königs. Sie leuchtete mehr als jeder Edelstein. Ein Schrei durchzog die Luft - der Herr starb. Unter dem Kreuz war der König zusammengebrochen. Noch im Tode schaute er auf den Herrn am Kreuz."

Ich liebe diese Geschichte. Aber wenn ich sie aufschreibe, werde ich bestimmt verdonnert! Unsere Klassenlehrerin ist eine fanatische Parteigenossin.

Seit der Oktoberrevolution wird kein Weihnachten mehr gefeiert, weil der Glaube an Gott, die Religion überhaupt „Opium für das Volk", Hemmschuh des Forschritts ist. Und alles, was die Religion früher lehrte, behaupten die Kommunisten, ist Lug und Trug. Statt dessen gibt es das Neujahrsfest als Feiertag.

Und warum der Glaube an Gott Opium ist und was daran so schlimm ist, verstehe ich genausowenig wie Mama. Mama hat eine christliche Erziehung bekommen. Der Glaube an Gott stärkt ihre Hoffnung, vertreibt die Angst aus ihrem Herzen und schenkt ihr Zuversicht und Kraft zum Handeln. Für uns Deutsche ist Sibirien das ewige Exil, und deshalb brauchen wir einen Halt, um zu überleben. Wir sind so was wie Fremdkörper in der russischen Gesellschaft. Mama liest jeden Sonntag Gebete aus der Bibel und singt heilige Lieder. Auch mit uns Kindern übt sie fleißig die schönen, alten Weihnachtslieder, wie *„Vom Himmel hoch, da komm ich her"* oder *„O wohl dem Land, o wohl der Stadt"*. In den Liedern geht es um Schneeflöckchen, Weissröckchen, Tannenbaum, Stille Nacht, Heilige Nacht, alle Jahre wieder kommt das Christuskind. Natürlich heimlich, hinter geschlossenen Türen. In Deutsch. Und die kleine abgegriffene Bibel, im schwarzen ledernen Umschlag mit dem goldenem Kreuz darauf, die Mama wie eine Reliquie aufbewahrt, und die vermutlich noch von den Ahnen stammt, gehört jetzt zu den verpönten Büchern und ist von den Kommunisten streng verboten. Innen auf der Umschlagseite der Bibel steht das Monogramm G.J. Harmuthsachsen, 1744. Die Initialen bedeuten, so wurde es in unserer Familie von Generation zu Generation weitergegeben, den abgekürzten Namen und Vornamen des Ururgroßvaters mutterseits, der im Jahre 1763 nach Rußland ausgewandert war. Wenn Mama nicht betet, trägt sie die Bibel an ihrem Busen.

Jetzt unter dem Sowjetregime sind Worte wie Engel, Jesus, Maria, Advent, Weihnachten, Christuskind aus dem Wortschatz gestrichen. Wie wär's, wenn ich die verbotenen Worte einfach anderes benenne? Gott würde in meiner Geschichte der Generaldirektor der Waggonfabrik, der große Boß. Alle Dorfbewohner haben Angst vor ihm. Das Zentralkomitee der kommunistischen Partei, die in Moskau sitzt, hat ihn in unser Kaff geschickt. Seit drei Jahren wohnt er hier. Das größte und schönste Haus im Dorf gehört ihm. Im Hof überwacht ein böser Hund seinen Besitz. Der Hund ist groß wie ein Rind. Mein Vater sagt, daß der Genosse Petrow sehr streng und ungerecht ist. Ein Diktator. Er ist ein Kommunist und kann sich so was wie Mitleid und Erbarmen zu seinen Mitmenschen gar nicht leisten. Jetzt jedenfalls nicht mehr, denn er ist schon einmal für seine Nachgiebigkeit bestraft worden. Jetzt ist er kalt wie der Mond und hart wie ein Stein.

Das Wort Engel darf ich in keinem Fall erwähnen. Wie wär's denn mit dem Begriff *Jahresendfigur* oder *Dienstpersonal*? Jahresendfigur klingt fremd und ein bißchen kalt, aber Dienstpersonal ist ein harmloses Wort. Wie die Putzkolonne in Papas Abteilung, die am frühen Morgen schon Gott weiß wohin geschickt wird. Ihre Mitglieder müssen häufig auf die kleinen Kinder von verschiedenen Natschalniki, Meistern und Chefs aufpassen, die haben klotzig zu tun.

Von den ganz großen Kirchendienern wie Pfarrern, Pastoren und Bischöfen, die jetzt als Ausbeuter und Unruhestifter abgestempelt worden sind, ist keine Rede mehr. Sie sind gleich nach der Oktoberrevolution als feindliche Elemente brutal ausgerottet worden. Die würde ich als Servicepersonal nehmen, die viel auf der Erde zu tun haben und verpflichtet sind, die Predigt, die jetzt „Doklad" genannt wird, den Parteichefs und Generaldirektoren der Waggonfabrik und Parteifunktionären der obersten Ränge zu schreiben, damit sie diese später auf den Parteiversammlungen herunterlesen können, weil die meisten von ihnen Analphabeten sind. Dafür bekommen sie dann von den Parteichefs eine strenge Zensur. Ein Lob gibt es selten. Eher gibt es moralische Prügel, eine „Tschistka" (Gehirnwäsche). Und der Weihnachtsmann hockt im russischen Wortschatz schon längst als der gütige „Ded Moros", Väterchen Frost. Und Ded Moros kommt nicht vom Himmel. Das wissen alle. Er kommt aus der Familie, aus der Waggonfabrik und als Verkäufer aus dem *Magasin,* dem Dorfkonsum. Das hat Peter ganz richtig bemerkt.

Ich seufze tief und starre auf die leeren Seiten. Wenn ich alle Name ändere, kommt ein Kuddelmuddel heraus, aber keine spannende Geschichte

Ich überlege mir, ob es doch nicht besser wäre, auf den Aufsatz zu pfeifen. Ich denke an die allerschlechste Note, die Eins, die im Klassenbuch neben meinem Namen als dikker Pfeil erscheint, und ich denke an den großen Ärger. Meine Eltern werden in die Schule gerufen und bekommen von der Klassenlehrerin eine Strafpredigt zu hören.

Irgendwas bewegt sich in meinem Innern. Ein Widerstand, ein Protest. Protest gegen alles, was uns weggenommen wurde. Ich entscheide mich, den Hausaufsatz zu schreiben, wie ich es mir vorgenommen habe, egal was kommt.

Folgendes schreibe ich in mein Schulheft: Die Deutschen im sibirischen Dorf Tschesnokowka gehören nicht zu den Starken und Reichen, sondern zu den Schwachen und Armen. Wir sind eine Minderheit, die verachtet und verspottet wird. Meine Ellenbogen bewegen sich beim Schreiben, die Finger, die den Bleistift halten, zittern. Ich schreibe weiter. Mutter sagt, daß der Glaube an Gott etwas ganz Besonderes ist. Leben im Glauben heißt Leben in Hoffnung. Soll doch der liebe König vom Himmel kommen, um hier auf der Erde Gerechtigkeit zu verwirklichen und den Deutschen ihre Heimat an der Wolga zurückgeben. Ich wünsche mir, daß der liebe alte Weihnachtsmann kommt und mir eine richtige kleine Holzhütte schenkt, in der Lämmer und Ochs und Esel wohnen und ein Jesuskind in der Krippe liegt. Und einen grünen Adventskranz aus Tannenzweigen mit brennenden Kerzen in der Mitte des Tisches wünsche ich mir auch. Einen Weihnachtsbaum, der jetzt nur als Neujahrsbaum erlaubt ist, würde unsere kleine Stube schön machen! Und Vater muß am Heiligen Abend keine „sozialistische Sonderschicht" leisten; wir können ohne Angst beten und dem lieben Gott danken, daß er die Schwachen nicht aus den Augen verliert. Kohlen soll uns der Weihnachtsmann genügend schenken, so daß das Feuer im Ofen richtig flackert und knistert und die Stube schön warm wird. Und alles soll genau so sein wie in Mamas schönen Geschichten.... Und vor allem möchte ich die schönen deutschen Weihnachtslieder, die wir mit Mama heimlich üben, laut und ohne Angst singen. Und die russische Legende vom 4. König dürfen alle Kinder lesen...

Nach den Schulferien, in der Literaturstunde, werde ich als erste an die Tafel gerufen, und mein Hausaufsatz wird von Afanasija Petrowna vorgelesen. Obwohl die Lehrerin dabei in mein Heft schauen muß, wirft sie immer mal böse Blicke auf mich. Als sie mit dem Lesen fertig ist, fragt sie hämisch: „Möchtest du wirklich ein Kirchenlied singen? Oder besser ein Gebet vortragen?" Ihre braunen Augen sind hart. Sie lacht ohne Ton. Die Stimme bleibt leise. Etwas Drohendes ist darin, die spürbare Spannung vor dem Ausbruch eines fürchterlichen Gewitters. Ich bekomme Gummiknie. Angst wühlt im Magen. Vierzig Augenpaare betrachten mich feindselig an. „Na, was ist los! Sind dir die Worte in der Kehle steckengeblieben?“ fragt die Lehrerin.

Endlich kräuselt sich mein Mund zu einem kalten Lächeln, und ohne jede Regung zitiere ich folgende Strophe:

„Säe unverdrossen eine gute Tat,
selbst die allerkleinste gilt als Himmelsaat,
die der Vater droben, der im Himmel wohnt,
durch sein stilles Segnen dir gar reichlich lohnt“

Wiederkehr

Erinnerungsbilder

I. OSTWÄRTS - WESTWÄRTS *oder* RÜCKBLICK

Zweihundertdreißig Jahre ist es her. Noch nie zuvor war ich im Reich ihrer Sehnsucht. Aber ich kenne den langen Leidensweg und die tragische Geschichte der Wolgadeutschen nicht nur aus den Büchern, sondern auch von den zahlreichen Berichten der Augenzeugen, zu denen auch meine Mutter gehört. Hier, wo Rhein und Main durch das Land fließen, begann ihr Leidensweg. Hier, in den Dörfern und Städten der Urheimat, am Kirchentor war das Manifest der Zarin angeschlagen. Hier wurden die verlockenden Versprechungen der deutsch-russischen Kaiserin diskutiert. Hier standen sie und waren erfüllt von der Hoffnung, in der großen Fremde eine neue Heimat zu finden. Die Geschichte bewies das Gegenteil.

Vor zweihundertdreißig Jahren gingen unsere Ahnen diesen Weg ostwärts. Viele folgten dem Ruf von Katharina II., weil das Leben in der alten Heimat wegen Landmangels, Mißernten, Steuerlasten, Unterdrückung immer schwerer und entbehrungsreicher geworden war. Den riesigen Marsch von Petersburg bis ans Ufer der Wolga, quer durch Rußland, mußten sie bei Frost und Schnee, glühender Hitze und strömendem Regen, Hunger und Durst zu Fuß zurücklegen. Auf den Pferdewagen nur die Kleinkinder, die Kranken und ihr bißchen Hab und Gut. Die öde Steppe an der Wolga wurde ihre neue Heimat. Mit vielen Widerwärtigkeiten mußten sie kämpfen. Not, Tod, Verfolgung und karges Brot waren ständig bei ihnen zu Gast. Sie wurden nicht "reich und frei" in der Fremde, wie sie gehofft hatten, sie mußten hart arbeiten in diesem neuen Land, diesem neuen Leben. Ein Volk vom Winde verweht. Doch die Spuren der Ahnen sind nicht im Sande versunken; sie sind in den Kirchenbüchern und Archiven der Urheimat zu finden.

Jetzt reise ich als Spätaussiedler denselben Weg zurück nach Westen. Ich sitze im komfortablen Flugzeug der Lufthansa und werde gut betreut. Ich verlasse das unselige Land freiwillig, ohne Zweifel, mit festem Entschluß mein Dasein in der Heimat zwischen Rhein und Oder von neuem aufzubauen. Die Vergangenheit mit ihrer unendlichen Kette von Hungersnöten, Demütigungen, Betrügereien, Verfolgung und Hohn schmerzt wie eine unheilbare Wunde. Ich wandere aus, um meinen Kindern und deren Nachkömmlingen eine bessere Zukunft zu geben. Ich sehne mich nach Heimat und Zuversicht.

II. DAS WIEDERSEHEN

Mein Geburtsschein, mit der Zeit stark vergilbt und zerknittert, in gotischen schnörkligen Buchstaben handschriftlich ausgefüllt, bestätigt, daß ich zum deutschen Volk gehöre. Ich bin kurz vor dem Krieg in Marxstadt an der Wolga geboren. Die Kindheit und die Jugendjahre verbrachte ich in einem kleinen Verbannungsort in der Nähe des Flusses Ob. Meine späteren Wohnungsorte befanden sich in Mittelasien und Rußland. Jenen Ort, in dem ich geboren bin, kenne ich nur aus den Schilderungen meiner Eltern.

Dreißig Jahre später, an einem sonnigen Frühlingstag im späten April befand ich mich am Ufer der Wolga. Ruhig strömte der große Fluß unter der Brücke Saratow-Engels, auf der ich stand. Eine fremde Luft wehte mich an, scharf und sauer. Die Stadt Saratow war nicht mehr der kleine hölzerne Ort, den die Ahnen kennengelernt haben, sondern ein häßlicher, von der Industrie geprägter Moloch. Aus den hohen Schornsteinen stiegen dicke Rauchfahnen zum Himmel. Nur die breite mächtige Wolga wirkte von oben majestätisch und eindrucksvoll. Über mir leuchtete ein kornblumenblauer, wolkenloser Himmel, unten flußab und flußauf glitten auf der glitzernden Wasseroberfläche Schiffe und schwerbeladene Schleppkähne, die ebenfalls dicken Rauch spien. Ein frischer Wind, satt von Feuchtigkeit und vom Geruch der tauenden Erde, schlug mir in die Nase. Und die Wolga war viel breiter und mächtiger, als der wilde Ob.

Dies war einmal die Heimat der Eltern, hier bin ich geboren, von hier wurde ich als kleines Kind vom schnauzbärtigen Nachfolger des Oktoberrevolutionärs im Herbst 1941 verbannt.

Die Erinnerung kam und überfiel mich unvermittelt. Wozu die Rückkehr, die du in der Erinnerung vollziehst? Sie ist nicht vergessen, sie lebt in und mit dir. Die Erinnerung ist das Brot, das wir essen. Wir leben davon. Ich versuchte, mir die Heimat der Eltern und Großeltern vorzustellen; es war, als ob die Zeit in konzentrischen Kreisen lief, sie hatten den gleichen Mittelpunkt und waren doch vom Umfang her verschieden. In den kleinsten Kreisen lief die Zeit am schnellsten. Ich blieb auf der Brücke stehen, unter der der Fluß dahinglitt, und begann unwillkürlich Mutters Lieblingslied "*Heimat, wie bist du so schön*", das ich so oft gehört hatte, leise vor mich hin zu singen. Der Wind nahm mein Lied auf und trug es über die Weite des Flusses, über Wiesen, durch Wälder, auf Wolken. Ich beugte mich über das Geländer und sah auf das Wasser. "Wo ist meine Heimat, liebe Matuschka Wolga?" fragte ich, und die Wogen schienen zurückzuflüstern: "Heimat? Schau in meine Tiefe, so wirst du es erfahren." Ich dachte an das alte Märchen, in dem sich jemand über ein schwarzes Wasser beugt und darin seine Vergangenheit und die Zukunft sieht. Ich aber konnte in der Tiefe des Wassers nichts erkennen. "Zeig mir die Zukunft der Rußlanddeutschen, wunderschöne Wolga", bat ich beinahe flehend. "Zukunft in Rußland?" schienen die Wellen jetzt zu spotten. "Das sind Träume, vergiß sie."

Mir war, als ob meinen Wünschen die Kraft fehlte, als müßte ich etwas darbringen, um sie erfüllbar zu machen, ein Opfer. Ich dachte an den Fingerring, ein Erbstück, das noch von den Ahnen stammte. In der Fassung des Ringes saß ein blutroter Stein, ein Rubin, und in seine Innenseite war die Jahreszahl 1763 eingraviert. Vermutlich war der Ring ein Abschiedsgeschenk der Verwandten an die Auswanderer - ein Andenken an ihr Zuhause, ein Glücksbringer. Ich nahm den Ring vom Finger und betrachtete ihn. Indem ich ihn hin und her drehte, leuchtete der rote Stein auf. Das Rot des Steines erschien mir jetzt als Zeichen, das für die Vorfahren in der Fremde Warnung vor dem Unglück hatte sein sollen: Blut und Tränen. Ich beugte mich über die Brücke, warf den Ring in die Wolga und sah ihm nach, sah wie er die Wasseroberfläche durchschlug und unaufhaltsam schnell in die Tiefe des Wassers sank. Und mir war, als ob ich alles erlittene Unglück, allen Schmerz und die Tränen auf ewig im Wasser ertränkt hätte. Mir war, als raunte die Wolga zufriedene Abschiedsworte. Die Wellen rollten leicht und sanft, es schien mir, als ob sie ein fröhliches Lied sangen, eine Abschiedsmelodie, in der sich dennoch viel Zuversicht für die Zukunft verbarg.

III. DIE ENTSCHEIDUNG

Zwanzig Jahre später. Ein frischer, unbekannter Wind, der Glasnost und Perestroika hieß, weht über Rußland. Im Lande des totalitären Regimes herrscht Chaos. Diese Begriffe sind neu, und deshalb stoßen sie die einen ab, und die anderen werden von ihnen mit magischer Kraft angezogen. Und doch weiß kaum jemand, wie man **"Glasnost und Perestroika"** in die praktische Politik, in das reale Leben umsetzen soll. Bisher sah alles anders aus. Die Partei versprach den Menschen das Wirtschaftswunder, und die Presse sang jederzeit in den allerhöchsten Tönen das Loblied auf die Partei. Die Wirklichkeit zeigte sich eher trostlos. Eine Tragödie nach der anderen folgte und schüttelte das Land wie Fieberschauer. Die jahrelang vorprogrammierte Katastrophe in Tschernobyl traf das Land wie ein Blitz aus heiterem Himmel. Das schwere Erdbeben in Armenien, der Aufstand in Nagorni Karabach stürzten das Land weiter in ein Chaos. Hinzu kamen zahlreiche Sabotagen, kamen weitere Katastrophen. Die Lebensmittelpreise stiegen jeden Tag; wir arbeiteten hart, aber bekamen keinen Lohn. Das Land war pleite. Unzufriedenheit, Wut und Haß potenzierten sich bei der Bevölkerung. Unten herrschte die Macht der Finsternis, oben herrschte die Finsternis der Macht. Das Schicksal von uns Rußlanddeutschen wurde in diesem Konflikt immer ungewisser. Der Haß gegen uns wuchs. Eines Tages überraschte mich die Nachbarin, eine noch junge Frau, mit Worten, die auf mich wie eine eiskalte Dusche wirkten: "Du, Faschistin, raus aus Rußland!"

So viele Jahre nach dem Krieg immer noch dieses furchtbare Wort. Was für Zustände. Ich spürte: Die Stunde der Wahrheit hat geschlagen, die alte Welt zerfiel, nichts hatte in ihr Bestand. Nur die Erinnerung blieb.

Ich dachte an die fröhliche Abschiedsmelodie der Wolga, in der sich die Zukunft verbarg. Ich entschloß mich, das unselige Land zu verlassen. Der einzige Reichtum, den ich besaß und den ich mitnehmen konnte, waren die Kinder. Die Reise in den Westen war der Abschied von einer Welt, die im Rückblick kalt und unbequem eingerichtet schien, die nach Salz und Wermut schmeckte.

IV. DER ABSCHIED

Es ist Anfang Mai. Heute verlassen wir Rußland, das nicht zu begreifen ist - ein grausames, blindwütiges und trotzdem schönes und reiches Land, ein Land voller Kälte und voller Wärme. Die Sonne dringt langsam durch die grauen Wolken. Es weht ein entsetzlicher böiger Wind. Der Abschied, der mir endlos erscheint wie ein nordischer Winter, ist freudlos und kühl.

Unsere Maschine nach Düsseldorf geht in vier Stunden.

Wir, das sind meine jüngste Tochter und ich. Wir bilden die Vorhut; der Rest der Familie folgt demnächst. Wir befinden uns im Bus, der uns zum Moskauer Flughafen bringt. Der Pendelbus ist eine alte Rappelkiste, schäbig und verrostet. Beim Einstieg klemmt die Tür. Die Sitze sind zerkratzt oder zerrissen; die Füllung, die dunkelgraue Watte, guckt armselig hervor; der Boden ist schmutzig und mit den Schalen von Sonnenblumen bedeckt. Der Bus kriecht wie eine Raupe die Straßen entlang. Nach anderthalb Stunden Zuckelfahrt über die staubigen und buckligen Landstraßen erreichen wir den Internationalen Flughafen Schremetjewo II. Ein grauer Betonklotz, der einsam aus der Mitte eines üppigen Waldes hervorragt. Der Wartesaal ist riesig; es wimmelt von Menschen, die Luft ist stickig und stinkt nach Klosett und Chlorkalk. Auf dem Fußboden liegen Abfälle. Und wohin das Auge schaut, in jeder winzigen Ecke hocken oder liegen Menschen. Gepäckstücke sind über den Boden verstreut. An den blassen Bittermandelgesichtern erkenne ich die Landsleute; es sind Rußlandsdeutsche. Die "Heimat" kehrt sie mit eisernem Besen wie schmutzigen Dreck heraus. Trübseliges Bild und schmerzhafte Erinnerung, und die Heimat der Ahnen lockt mit Macht aus ihrer westeuropäischen Ferne.

Unser Lufthansaflug wird um drei Stunden verschoben - ohne Begründung. Doch nicht nur unser Flug ist verschoben, auch andere Flugzeuge werden angekündigt und abgemeldet, wieder angekündigt und nochmals auf unbestimmte Zeit verschoben; das Personal ist bis auf die Putzkolonne nervös und abgespannt; keine Chance, eine Auskunft zu bekommen. Unsere Nerven sind bis zum Äußersten angespannt.

Die erniedrigende Zolluntersuchung steht bevor, wir zittern vor Angst wie die Lämmchen vor der Schlachtbank. Innerlich koche ich vor Wut. Ein Zustand, den ich allerdings verbergen muß. Das Sowjet-Regime hat siebzig Jahre lang nichts anderes getan, als *unsereinem* das Gehirn zu waschen, ihn weichzuklopfen. Ich möchte nicht noch in diesen letzten Stunden Probleme bekommen.

Endlich wird der Flug Moskau-Düsseldorf angekündigt, und wir dürfen das Flugzeug besteigen. Schweigend nehme ich von den Verwandten, Freunden und meiner Familie Abschied. Mir ist zum Heulen. Aber ich will meinen Weg gehen. Ich bin ich, ein Mensch.

Zolluntersuchung. Eine Frau in grauer Uniform, die am Anfang des Fließbandes steht, wirkt wie ein Wachturm aus Beton. Sie hat ein Kürbisgesicht und Glotzaugen. Mit grober Stimme befiehlt sie, die Taschen und Koffer zu öffnen und den Inhalt zur Kontrolle auf den Tisch zu legen. Ihr Blick zeigt uns Wartenden Geringschätzung, als hätte sie Verbrecher vor sich. Als ich an der Reihe bin, wird meine Kehle trocken und mein Herz klein, wie eine winzige Bohne, obwohl ich nichts zu verbergen und auch nichts zu fürchten habe. Das Schlimmste dabei ist, daß sie ihre Macht auf die Schwächste ausübt. Nach der Kontrolle ist alles so durcheinander gewühlt, daß der Koffer nicht mehr zugeht.

Die letzten Sorgen, Leiden, Schrecken, Aufregungen sind jetzt hinter uns geblieben, dort hinter den Zollbeamten. Ich steige in die Maschine, und meine Gedanken gehen noch einmal weit in die Vergangenheit zurück. Die Geschichte des Volkes kommt mir wie ein seltsames endlos trauriges Märchen vor.

Wir nehmen in der Maschine Platz. Der Flug ist bis auf den letzten Platz von den Landsleuten ausgebucht. Alte Frauen, "Babuschki", nach der russische Tradition, mit bunten Tüchern, bedeckt; kräftige Männer; Mütter mit Kindern, die wie zum Fest gekleidet sind.

Die Motoren heulen, das Flugzeug startet. Einen letzten Abschiedsgruß vom Sowjetland nehme ich durch das Flugzeugfenster wahr: das märchenhaft blaue Baltisches Meer.

Nach einer halben Stunde sind wir auf Flughöhe. Ich denke daran, daß die Vergangenheit vielleicht nur in meinem Innern stattfindet und frage mich, was mich im Land der Ahnen erwartet?

Die Fragen bleiben unbeantwortet. Ich versuche, positiv zu denken, denn schließlich ist jeder Abschied auch ein neuer Anfang.

first ninute Taschenbuchverlag
Aus dem aktuellen Programm

Kurt Müller
Der Ochse im Schlepiener See
Ein ostpreußisches Geschichtenmosaik

Kurt Müller, der sich bereits mit der Aufarbeitung westfälischer Geschichten einen guten Namen gemacht hat, zeichnet mit leichter Hand und viel Einfühlungsvermögen ein unterhaltsames Bild des ostpreußisch-masurischen Dorf- und Kleinstadtlebens aus der Zeit vor dem Krieg und schildert sachlich und ohne Schadenfreude die nicht immer positiven Eindrücke und Verhältnisse, die ein Tourist im Ostpreußen dieser Tage vorfindet.

ISBN 3-9803959-1-X DM 14,00

Alexander Richter
Eine Rose für die Deutschen
Elend und Glanz nach der Übersiedlung

Alexander Richter, der 1985 nach fast drei Jahren Haft wegen *staatsfeindlicher Hetze* durch Freikauf in den Westen übersiedeln konnte, schildert unbeschönigt jenen Zustand der Entwurzelung, der mit dem Fortgehen aus der damaligen *ddr* verbunden war. Er erzählt in einer krafrvollen Mischung aus Verbissenheit und Ironie von Enttäuschungen, Erniedrigungen und unerwarteten Erkenntnisse. Ein zentrales Stück deutscher Geschichte, das seit 1990 in Vergessenheit geraten war, wird in diesem Buch wieder wahr und unterstreicht die nach wie vor offene Frage: Ist den politischen Gefangenen des ddr-Regimes im nachhinein genügend Gerechtigkeit widerfahren?

ISBN 3-9803959-2-8 DM 19,80